VÉGÉTARISME ET NON-VIOLENCE

POUR UNE TRANSFORMATION HUMAINE, ANIMALE ET PLANÉTAIRE

Marjolaine Jolicœur

VÉGÉTARISME ET NON-VIOLENCE
POUR UNE TRANSFORMATION HUMAINE, ANIMALE ET PLANÉTAIRE
Marjolaine Jolicœur
AHIMSA
Sainte-Rita, Québec (Canada) G0L 4G0
Téléphone : (418) 963-5333

Première édition 1995
Éditions Le Commensal
3737, boul. Grande-Allée
Boisbriand, Québec (Canada) J7H 1M6
Téléphone : (514) 979-3311
Télécopieur : (514) 979-3369

VÉGÉTARISME ET NON-VIOLENCE
POUR UNE TRANSFORMATION HUMAINE, ANIMALE ET PLANÉTAIRE

Illustration de la couverture : Carl Lemyre

Imprimé au Québec (Canada)

Données de catalogage avant publication (Canada)

Jolicœur, Marjolaine, 1953–

Végétarisme et non-violence : pour une transformation
humaine, animale et planétaire

Comprend des réf. bibliogr.

ISBN 2–9802995–1–0

1. Végétarisme. I. Titre.

TX392.J64 1995 613.2'62 C95–941651–X

TABLE DES MATIÈRES

REMERCIEMENTS

Mes plus sincères remerciements à:
Johanne Beaudoin, pour la révision des textes;
Marie-Claire Héroux, pour son dévouement au secrétariat;
Pierre Gilles Martin, pour sa magnifique illustration (p.51);
Frédéric Back, pour avoir pris le temps de me lire;
Francyne Furtado, Suzanne Tremblay et Michel Colpron, pour leur soutien et leur fidèle amitié;
Jean-Louis Malenfant, mon compagnon, pour son appui indéfectible;
Marie-Marthe Arseneault et Lionel Jolicœur, qui m'ont permis de devenir végétarienne très jeune.
Merci également aux administrateurs des Éditions Le Commensal, pour leur collaboration et leur support financier.

Ce livre est particulièrement dédié à mon fils Hughes
et à tous les jeunes en quête d'un monde meilleur.

Merci à tous nos amis animaux qui partagent notre vie et dont la présence sur terre est une source d'inspiration.

Marjolaine Jolicœur

Préface de Frédéric Back

Végétarien, cinéaste d'animation et membre fondateur
de la Société Québécoise pour la Défense des Animaux (S.Q.D.A.)

De manière très vivante Marjolaine Jolicœur résume ici de nombreuses lectures, expériences et réflexions. Partageant son bagage de connaissances, elle nous introduit amicalement chez une pléïade des plus célèbres penseurs, philosophes, savants, féminins ou masculins qui, de l'antiquité à nos jours, ont analysé nos relations à nos semblables, aux animaux, et à tout ce qui nous nourrit physiquement ou spirituellement.

Même si nous n'y sommes pas confrontés, la violence et les séquestrations ont pris actuellement une dimension sans précédent dans l'histoire du monde. Chaque jour des milliers de femmes, d'enfants et d'hommes meurent sous les coups de la haine. Chaque jour des millions d'animaux sont tués cruellement pour assouvir notre appétit de régimes carnés. Que de sang répandu en vain ! Que de souffrance !

Alors que notre population mondiale explose et que la famine est inéluctable n'y a-t-il pas lieu de s'interroger sur les sources, les dimensions et les conséquences de notre manière d'agir et de nous nourrir ?

Face à l'égoïsme et à l'indifférence il faut beaucoup d'intelligence, de tact et de cœur pour parler en faveur de « nos frères dans la création » et démontrer au public qu'en s'intéressant à leur sort il peut aussi améliorer le sien. Cesser de consommer autant de viande permettrait de nourrir dix fois plus de monde, et ce n'est que l'une des conséquences du végétarisme. Vous en saurez beaucoup plus en lisant ce livret...

On ne peut améliorer l'humanité qu'en s'améliorant soi-même. « Au lieu de maudire l'obscurité, allume une chandelle » a dit Confucius. Je vous invite à en allumer une à votre tour, à la lumière que vous tend Marjolaine Jolicœur avec tant de délicatesse, de sourire et de compassion. Merci !

VÉGÉTARISME GLOBAL

« Vous devez incarner le changement que vous souhaitez voir se produire dans le monde. » (Gandhi)

« Révolution non-violente bien ordonnée commence par soi-même. » (Lanza Del Vasto)

Je suis devenue végétarienne vers l'âge de 16 ans, après un déclic sur la non-violence (en sanscrit : AHIMSA). En abandonnant la viande, le poisson et la volaille, je ne voulais plus être complice de la souffrance animale.

Au cours des 25 dernières années, j'ai entendu bien des affirmations farfelues sur le végétarisme et discuté avec d'innombrables personnes. Ces dialogues furent toujours intéressants et révélateurs, même avec le plus buté des carnivores. J'ai aussi toujours trouvé comiques les qualificatifs accrochés au végétarisme : extrémiste, animaliste, fanatique, pur et dur et même extra-terrestre. Il faut dire que le docteur Spock de Star Trek est lui-même végétarien !

Comme des mantras négatifs, les arguments contre cette forme d'alimentation se répètent ad nauseam : le végétarisme oui, mais... et les protéines, le calcium, le fer et la B_{12}? Les carottes ne souffrent-elles pas, elles aussi? Pourquoi s'occuper des animaux et pas des humains? Les animaux ne sont-ils pas heureux de vivre en captivité puisqu'ils sont protégés de la faim et des intempéries? L'humain n'est-il pas un prédateur? Lorsqu'on mange un animal, ne le fait-on pas évoluer? Ne vaut-il pas mieux manger à l'occasion de la viande, en particulier quand on est invité chez des amis carnivores? Et la convivialité dans tout ça? Vous êtes végétarien(ne), mais... mangez-vous du poulet et du poisson?

Du même souffle, les entêtés n'hésiteront pas à exprimer leur exaspération face à ces drôles de « zigotos » qui ne savent que brouter de la luzerne, picorer des graines et faire peur au monde avec leurs statistiques alarmantes sur l'industrie de la viande. Des vrais prophètes de malheur lorsqu'ils exposent les effets néfastes reliés à l'alimentation carnée, la pollution, la déforestation, la désertification, la famine, le gaspillage de l'eau et des céréales. Honte à eux de se mettre sur un piédestal et de se considérer comme plus *purs* que les autres.

Pourquoi la transformation fait-elle si peur?

Tous les professionnels en « istes » de la nutrition parlent volontiers des *dangers* du végétarisme, du fait qu'il faut absolument *remplacer* la viande par des *substituts* et ils jonglent avec des concepts mystérieux sur l'alimentation, que seuls, selon eux, les universitaires peuvent vraiment comprendre.

Lorsqu'un carnivore est malade, on pense au stress, aux microbes ou au manque de sommeil. S'il s'agit d'un(e) végétarien(ne), son alimentation sans viande est vite pointée du doigt. Ainsi en va-t-il pour les enfants végétariens : on évoque d'hypothétiques retards de croissance, un manque de protéines, et même la sous-alimentation. Mon fils de 18 ans, qui est végétarien depuis sa naissance, est un *grand six pieds* !

Depuis des millénaires, nombre de peuples sont végétariens et en bien meilleure santé que les actuels Nords-Américains étouffés dans leur gras et le gras animal. Selon un récent rapport du *Journal of the American Medical Association*, plus de 58 millions d'Américains souffrent d'obésité, pesant 20 % de plus que leur poids-santé.

Au Québec, les maladies et les accidents cardio-vasculaires constituent 38 % des décès, les cancers 29 %. Ces problèmes coûtent annuellement plus de 8 milliards de dollars à la collectivité québécoise. Si les individus prenaient en charge leur santé, par la prévention et les changements alimentaires, on se prend à rêver que le déficit national pourrait être grandement réduit et l'argent économisé servirait plutôt à l'éducation, à la création d'emplois, à la culture, à la protection de l'environnement ou à la lutte contre la pauvreté.

Histoire de compliquer un peu les choses, plusieurs écoles de pensées gravitent autour de l'alimentation. Certains se sont guéris de graves maladies par un régime à base de riz brun et de légumes cuits. D'autres par une alimentation vivante, crue, comprenant beaucoup de germinations. Des yogis de l'Inde affirment que la nourriture la plus *sattvique* se compose de fruits et de lait cru. Des végétarien(nes) mangent des œufs tandis que d'autres, comme moi, les trouvent inutiles. Des affirmations loufoques surgissent : pallo-végétarien (avec poulet), pisco-végétarien (avec poisson) et même semi-végétarien. Peut-on être semi-enceinte ?

Ovo-lacto-bingo ! végétarisme, végétalisme, véganisme, voilà des murs érigés entre nous. Tout au long de ce livre, c'est le VÉGÉTARISME qu'on retrouve en sachant qu'il implique l'élimination de la viande, du poisson et de la volaille. Le poisson et le poulet ne sont pas des légumes. Quant aux produits laitiers et aux œufs, c'est un choix individuel, une phase transitoire. De façon générale, la « modération a bien meilleur goût » car les vaches et les poulets élevés dans l'horreur des élevages intensifs, donc exposés à la cruauté et à des doses massives de pesticides, de vaccins et d'hormones, ne peuvent pas produire des aliments qui apportent la vitalité au corps et à l'esprit.

Les végétariens ne sont pas « clônés » sur la même cellule. Ils ont droit à la différence dans leurs approches personnelles d'un style de vie ou d'une alimentation saine.

On adopte le végétarisme pour améliorer sa santé – et celle des poulets – mais aussi pour des raisons éthiques, écologiques, politiques, économiques, philosophiques, par amour des animaux ou par solidarité avec les affamés de la Terre. Ce végétarisme global touche aussi la spiritualité. Quelques-uns se hérissent devant ce mot, synonyme pour eux de sectes intégristes, de gourous ou de papes manipulateurs. Pourtant, la spiritualité fait surtout référence à une prise de conscience par rapport à sa position dans l'Univers, à savoir l'expérience de faire partie de quelque chose de plus vaste que soi, qui unit au lieu d'isoler.

Une vision holistique (du grec *holos* qui signifie tout entier) se rattachant à l'environnement, aux habitudes de vie, aux émotions, aux schémas de pensées et au rôle fondamental de l'Énergie, doit être considérée. L'équilibre et l'harmonie entre le corps, l'esprit et l'âme se fondent dans un ensemble unique. Il ne suffit pas de manger du tofu et du brocoli tous les jours pour être en santé...

L'Allemande Thérèse Newman (1898-1962) cessa de s'alimenter en 1923 et, jusqu'à sa mort, n'absorba rien à l'exception d'une petite hostie par jour. Est-elle morte par manque de B_{12} ?

Récemment, pendant plus de 200 jours, à Bombay, le jaïn Sajumin Maharaj, ne but qu'un verre d'eau chaude le matin et un autre au coucher du soleil. Son jeûne pour la paix mondiale défia la médecine qui croit qu'un jeûne de plus de 11 jours peut vous faire tomber raide-mort.

Désinformation, blocage psychologique, mauvaise foi, conspiration du silence, lobby intensif des producteurs de la viande, des produits laitiers et des œufs, le végétarisme véhicule, malgré lui, bien des mythes tenaces.

Droit des animaux

Ce qu'on préfère oublier en cuisant son steak, c'est l'exploitation et le pouvoir exercés sur ces « autres » si différents de nous. Cette oppression se pratique à l'égard des animaux, tout comme envers les Noirs, les Juifs, les pauvres, les femmes ou les enfants. Il est intéressant de faire un parallèle entre l'esclavage des Noirs ou l'holocauste perpétré par les Nazis contre les Juifs, et l'actuel traitement des animaux prisonniers des élevages intensifs. Il ne s'agit pas ici de dire que les animaux ont des « droits égaux » aux humains, mais de souligner les mêmes implications d'un pouvoir abusif.

Lors de la récente commémoration du cinquantenaire de la libération du camp de concentration d'Auschwitz-Birkenau, un appel aux nations du monde fut décrété et on pouvait y lire : « Qui sauve une vie, sauve le monde entier. Qui ôte une vie, détruit l'ordre du monde. » Les animaux ne font-ils pas partie eux aussi de l'ordre du monde ? Les descriptions atroces de la vie des Juifs comportaient des expressions telles que : « ils furent parqués comme des animaux » – « on les faisait voyager dans des trains destinés au bétail. » L'écrivaine Marguerite Yourcenar n'hésite pas à faire un rapprochement entre le sort des animaux et celui des peuples opprimés : « Si nous n'avions pas accepté depuis des générations de voir étouffer les animaux dans les wagons à bestiaux, ou s'y briser les pattes comme il arrive à tant de vaches et de chevaux envoyés à l'abattoir dans des conditions absolument inhumaines, personne, pas même les soldats chargés de les convoyer, n'aurait supporté les wagons plombés des années 1940-1945. »

On estime qu'entre 15 et 30 millions de Noirs furent arrachés de leur pays natal pour peupler les colonies françaises, britaniques ou l'Amérique. Pour l'historien Daniel P. Mannix : « les esclaves étaient traités comme du bétail. » Séparé de sa famille, marqué à la poitrine et au dos des initiales de son maître, enchaîné, sous-alimenté, exhibé dans les encans, l'esclave n'avait aucun droit car on le considérait comme un *sauvage* et non comme un être *civilisé.*

Très souvent, l'animal est aussi perçu comme sauvage, dangereux et il doit être dominé, pour son bien. Pour que l'esclavage des Noirs se perpétue, la nécessité économique fut invoquée, un argument biaisé que les producteurs de viande utilisent. L'esclave – humain ou animal – est avant tout une chose, une source de profits, dépourvu d'émotions, de droits et d'âme. Selon ce qu'on veut en tirer, il est nuisible ou utile. Le cochon est sale, le minou adorable, la poule stupide, le coyote sanguinaire, le chevreuil délicieux.

On n'hésite pas, sous prétexte de parenté biologique, à transplanter le foie d'un cochon sur un humain (à remarquer que ce n'est pas une carotte qu'on transplante). Lorsqu'on veut le manger ce cochon, la ressemblance est oubliée et on lui impose une vie de bagnard dans des élevages concentrationnaires où ses besoins les plus élémentaires – l'exercice, l'air, l'interraction avec ses pairs – ne sont pas respectés. Le chien est un compagnon, un ami fidèle avec qui il est possible d'avoir une relation quasi amoureuse. Pour l'animal destiné à la consommation, l'amour s'arrose de ketchup ou de sauce brune. Qui penserait à manger son beau Fido?

La chasse — qui n'est pas une activité de végétarien(nes)! — est un terrible symbole de pouvoir. Les chasseurs décrivent leur *sport* comme une gestion de la faune ou une recherche de viande. Si cela était vrai, comment expliquer ces compétitions de chasse où l'on décerne des prix pour la plus lourde prise ou pour le plus gros panache? Pour ma part, je ne me fais pas photographier, le pied sur mon sac d'épicerie, comme si c'était un trophée. Et je ne souffre pas du « syndrome de Bambi » ! Je crois tout simplement, comme Jean-Jacques Rousseau, que la « chasse endurcit le cœur aussi bien que le corps; elle accoutume au sang, à la cruauté. » De plus, en abattant l'autre, on veut surtout prouver sa suprématie, son arrogante condescendance, sa domination despotique. Notons que dans le slang américain *buck* est un terme raciste désignant un *noir.* À l'époque pas si lointaine de l'esclavage, la chasse aux Noirs récalcitrants avait les mêmes rituels que la chasse aux animaux mâles...

L'oppression est une manifestation universelle du pouvoir sur un peuple étranger à nous, dissemblable, distinct.

« L'AHIMSA reposant sur l'unité de toute vie », nous dit Gandhi, « il s'ensuit que l'erreur d'un seul ne peut qu'affecter tous les autres. » Individuellement, l'action compatissante peut aussi tout changer, face à l'intolérance, l'injustice, la barbarie et à l'inhumanité.

En ces temps de rectitude politique où plusieurs parlent beaucoup pour dire peu de choses, en tentant surtout de ne pas se commettre, ce livre se veut une lueur cachée dans la nuit des apparences, des convenances et des idées toutes faites. Voilà un collectif de paroles qui vise la réflexion, la quête intérieure. Mais c'est surtout un appel pacifique à la réconciliation, avec nos frères d'évolution et de sang, nos compagnons de route, les animaux.

Une alimentation consciente, non-violente et sans chair animale, rejoint l'AHIMSA sur la voie du coeur, pour une transformation humaine, animale, planétaire.

Marjolaine Jolicœur

1995

PREMIÈRE PARTIE
TRANSFORMATION HUMAINE
LA VOIE DU CŒUR

« Pouvons-nous ouvrir notre cœur aux animaux? Pouvons-nous les accueillir comme des compagnons, comme des semblables doués de dignité et de profondeur? Pour y parvenir, nous devons apprendre à révérer et à respecter les autres êtres faisant partie, comme nous, de la création divine, et à chérir la merveilleuse planète qui permet notre existence commune. Nous devons nous unir dans une biospiritualité qui reconnaît et célèbre le sacré de toute une vie.

Nous ne pouvons ignorer plus longtemps l'existence de créatures sensibles et intelligentes sous prétexte qu'elles assurent une forme différente de la forme humaine. Nous n'avons pas le monopole du courage et de l'audace, de la conscience et de la compassion, de l'imagination et de l'originalité, de la fantaisie et du jeu qui donnent à la vie son prix incomparable. »
(Garry Kowalski)

Il est remarquable de constater que toutes les traditions spirituelles disent fondamentalement la même chose. Elles marchent ensemble sur la voie du cœur. Par un ultime ensemble symbolique, les maîtres enseignent des vérités universelles, intemporelles, enracinées et inscrites profondément dans la psyché humaine, comme une structure commune à tous les vivants. La vérité est une, c'est notre ignorance qui la divise.

Partout dans l'histoire religieuse de l'humanité se trouve un facteur homogène qui vise la transformation intérieure par une expérience individuelle de l'Absolu. La participation au sacré se fait par le biais de mythes et de symboles propres à chaque groupe et époque. Mais, dans toutes les traditions transformatrices, on découvre un faisceau de convergences similaires et on peut se demander pourquoi les guerres de religions (ou d'opinions) existent, puisque sous la diversité des images, c'est à une expérience totalisante que nous convient les démarches spirituelles.

Tout objet revêt une valeur sacrée – les pierres, les arbres, les fleurs, les animaux, les fleuves, les étoiles – pour le pélerin en quête de connaissance. À la limite, pas besoin de livres, de dogmes, de gourous ou de chicanes doctrinales. S'ouvrir les yeux est à la portée de tous. Mais, en parcourant la vie des prophètes et des initiés (souvent considérés par leurs pairs comme des fous), des forces unificatrices se tissent dans l'aventure spirituelle de ces humains lancés à travers l'espace-temps, voyageurs sur un vaisseau terrestre, l'esprit plongé dans l'infini et les années-lumière. Apparaît aussi une synchronicité, une suite révélatrice de coïncidences, de signes et de hasards.

Au VIe siècle avant notre ère, Pythagore, Bouddha, Mahavira, Lao-Tseu se projettent dans le même univers, monde de la non-violence, du Soi immortel et de l'illumination. On dit que Jésus voyagea en Inde, tout comme Mani, le représentant du manichéisme. Mahomet aurait été en contact avec le christianisme après avoir entendu un prédicateur nestorien, une secte du Ve siècle qui glorifiait l'humanisme du Christ. Les Pauliciens, les Bogomiles et les Cathares professaient la même vision spirituelle, s'enracinant dans d'innombrables cultures religieuses. Tous furent influencés par leur époque, par les idées circulant dans l'air du temps, branchés sur l'unique source, le même « world beat » !

Cette concordance résume un ordre universel où le respect de toutes les manifestations de la Vie passe par la tolérance et l'amour. Dans une recherche commune d'une éthique de l'AHIMSA, les humains **et** les animaux ont une âme, un Soi, une substance lumineuse. Donner une âme – animer – c'est faire vivre et non pas tuer, anéantir, massacrer, tyranniser, dévorer. La violence est l'aboutissement de la peur. Quand l'Autre est perçu comme uni à nous, en corrélation dans une vaste composition intelligente, partie intégrante d'un cercle éternel, il n'y a plus d'êtres isolés et désaccordés, plus de violence.

De plus, cette expression globale et mystique de la réalité est écologique. Les êtres vivants s'interpénètrent dans des écosystèmes reliés au réseau planétaire et cosmique, à la même *anima mundi*, l'âme du monde. La base de l'écologie (et des traditions spirituelles) est une non-violence, et cette révérence pour la vie modifie à jamais notre conscience. Chaque être vibre de vie et toute vie est sacrée, une. « La terre est ma mère et moi le fils de la terre », nous dit l'*Atharva Veda*. De la sacralisation de *Gaïa* et de ses habitants découle la protection. Au lieu d'adhérer au concept de la domination sur l'animal, la Nature et l'autre, l'AHIMSA se veut plutôt une interaction entre moi et les autres, une co-création, un dialogue pacifique, un mandala marqué du sceau de la compassion.

Pas besoin de croire en la réincarnation pour accepter la notion de *karma*. Toute action cause une réaction, comme les ondes con-centriques d'un caillou lancé dans l'eau. Si tous les arbres d'une forêt sont coupés sauvagement, eh bien, plus de nourriture et de gîte pour les animaux sauvages et les oiseaux. Si on visualise de la violence, c'est pas de l'amour qui va surgir. Si nous n'avons pas la paix dans notre coeur, on ne peut espérer la paix dans le monde.

Dans cet élan écologique et spirituel – l'*écospirituel* – les animaux ne sont plus des choses sans âme, différents de nous, inférieurs. Quand on voit les guerres et les catastrophes environnementales, peut-on vraiment présumer de la supériorité des humains? Et même si cette supériorité s'avère véridique chez les animaux à deux pattes, leur omnipotence cruelle envers ceux à quatre pattes est injustifiable.

À l'unanimité, dans un consensus millénaire, les maîtres spirituels ont rejeté les sacrifices d'animaux. Pourtant ceux-ci se perpétuent encore. Plus de 400 millions d'animaux meurent, chaque année, de par le monde, sur l'autel des vivisecteurs et des milliards d'autres dans l'enceinte des abattoirs. Dans ces temples de la violence, on dépèce, coupe, brûle, tranche des êtres doués de sensations et d'émotions, de vie et de conscience.

En réaction contre la souffrance et la détresse des plus faibles, des opprimés, il est dangereux de s'abandonner au jugement et à la colère. Quoique parfois une sainte colère à la Jésus, ça débloque le plexus solaire... Le blâme n'est pas toujours à rejeter sur les autres car notre responsabilité se réfléchit dans le miroir de notre propre part d'ombre.

Reconnaître notre responsabilité c'est aussi reconnaître notre puissance et notre pouvoir. La résolution de la dualité et l'harmonie des oppositions encerclent l'intégration personnelle. Le *Yin* ou le *Yang*, l'illumination ou l'ignorance, les anges éblouissants ou déchus, nous rappellent l'interdépendance des contraires dans le processus évolutif.

Les mystiques, les chamans, les yogis, les philosophes, les visionnaires et les poètes de toutes les traditions spirituelles affirment qu'être éveillé, c'est ne plus avoir peur. Peur du changement, de la transformation, de la guérison, de la Lumière, de la Vérité. Peur d'avoir peur. La vérité doit se vivre aussi pleinement que possible, en accord avec l'intuition profonde de notre âme.

Socrate fut empoisonné, Jésus crucifié, les Cathares brûlés et Gandhi assassiné. Pourquoi est-il aussi subversif et dangereux de parler d'amour, de libération et de non-violence?

Passons pour des illuminés ou des fous à lier, mais vivons notre propre vérité! Souvenons-nous que la voie du cœur n'est pas la nostalgie du paradis perdu et de ses états édéniques, mais un rappel constant que la beauté des animaux, de la Nature et de la Vie est au centre du multiple unifié.

C'est pour demain le *Septième Ciel* sur Terre?

VÉGÉTARISME
ET TRADITIONS SPIRITUELLES

« C'est l'unité de tous dans la solidarité d'une manifestation commune qui permettra la création d'un monde nouveau et divin sur la Terre. Chacun apportera sa part, mais aucune part ne sera complète, excepté comme un pouvoir dans la solidarité du Tout. » (Sri Aurobindo)

LES CELTES

Ce groupe de peuples de langue indo-européenne dont la civilisation s'étendit, entre autres, en Gaule, en Angleterre et en Irlande, au deuxième millénaire avant notre ère, avaient parmi eux une classe sacerdotale d'êtres hautement spirituels, les Druides. Tout de blanc vêtus, ils vivaient austèrement, dans la méditation, loin de l'agitation des cités. Ils adoraient Lugus, divinité de la Lumière, dans leurs temples, des forêts de grands chênes. Respectant la vie sous toutes ses formes, ils ne chassaient aucun animal et croyaient en l'immmortalité de l'âme. Capables d'entrer en communication avec la Nature, les Druides connaissaient le langage des bêtes et des oiseaux.

On raconte que Pythagore leur rendit visite afin d'acquérir une parcelle de leur sagesse. Les Romains conquirent la Gaule entre 58 et 40 avant J.-C. et l'Angleterre en 43 après J.-C. (seule l'Irlande restera indépendante); les Celtes disparurent, laissant peu de trace, car leur enseignement mystique était surtout oral.

LE ZOROASTRISME

Ce courant religieux vient d'un prophète iranien du nom de Zoroastre (forme grecque du persan Zarathoustra). Il vécut au VIe siècle avant notre ère et passa plusieurs années dans la méditation avant d'atteindre l'illumination. Cet apôtre d'Ahura-Mazda (dieu iranien) prophétisait une religion de lumière pour contrer le dualisme de l'Univers. Dans les écritures sacrées, les *Gâthâs*, Zoroastre dit :

> « Le Seigneur de Sagesse a prédit des malheurs à ceux qui suppriment la vie du bœuf dans des cris d'extase. Pour de tels actes, la race des sacrificateurs et celle des prêtres magiciens seront réduites à néant. Soient maudits tous ceux qui prêchent qu'il faut tuer le bétail ! Soient maudits les faux prophètes, les faux prêtres, les uns et les autres corrompus qui trahissent la vérité, accaparent le pouvoir et falsifient tout par leurs mensonges. C'est ce même Esprit du Mal dont sont remplis les soi-disant grands de ce monde et les potentats, c'est lui qui les a tous fait tomber dans ses erreurs atroces. Ils s'allient aux démons pour accomplir leurs desseins et font assassiner le bétail pour s'en repaître, en violation des buts divins. »

Au VIIIe siècle, de nombreux Zoroastriens se réfugièrent en Inde et en 1640 firent de Bombay leur métropole centrale. On les nomme à présent Parsis. Un feu sacré est entretenu en permanence dans les temples par des prêtres. Une grande majorité de Parsis sont végétariens.

LE MANICHÉISME

Mani (ou Manès) est né en 216 après J.-C., près de Ctésiphon en Mésopotamie. Son père était un mandéen, une petite secte pales-tinienne qui se réclamait de Jean le Baptiste, pratiquait le baptême par immersion dans l'eau et adorait le « roi de lumière ». Porté très jeune à la méditation et aux activités de l'esprit, Mani eut une grande révélation mystique à l'âge de 24 ans. Il entreprend, entre 240 et 243, un voyage initiatique en Inde et à son retour fonde sa propre religion qui rencontra immédiatement un accueil fervent.

La doctrine de Mani est une synthèse des enseignements de Zoroastre, de Bouddha et de Jésus. Selon lui, deux forces s'opposent dans notre univers, la lumière et les ténèbres, le bien et le mal, l'esprit et la matière. En strict végétarien, il recommande l'abstention de chair animale à ses disciples. Notons que saint Augustin fut pendant neuf ans un manichéen avant de se tourner vers le christianisme.

Se heurtant aux pouvoirs royaux et sacerdotaux, contestant vraisemblablement leur légitimité, Mani et ses disciples connurent une persécution sanglante. Poursuivi, arrêté et condamné, dit la tradition, à être écorché vif, l'apôtre de la lumière meurt après un long martyre en 277.

Mani écrivit plusieurs ouvrages mais ils furent tous brûlés. Des empereurs perses, byzantins et des papes ont combattu le manichéisme. Malgré cette répression, l'enseignement de Mani se transmet chez les Chrétiens par l'intermédiaire des Pauliciens, des Bogomiles et des Cathares comme nous le verrons plus loin.

Certaines sociétés secrètes chinoises pratiquaient, encore au XVIIIe siècle, des rites manichéens.

LE JUDAÏSME

Le peuple juif – les hébreux – apparaît environ 2000 avant J.-C. en Mésopotamie. Ces nomades immigrent ensuite en Égypte puis, sous la conduite de Moïse, traversent le désert du Sinaï pour s'installer en Palestine. La religion juive repose sur un ensemble de textes qui comprennent, outre l'Ancien Testament et différents commentaires de la Bible, la Torah et le Talmud. Au cours des millénaires, nombres de sectes et de prophètes se grefferont au judaïsme et l'époque romaine verra naître différents groupes religieux tels que les Saducéens, les Pharisiens, les Zélotes et les Esséniens.

Dans la Bible, dès le début de la création, Dieu ordonne l'alimentation végétarienne autant pour les humains que pour les animaux : « Je vous donne toutes les herbes portant semence, qui sont sur toute la surface de la terre, et tous les arbres qui ont des fruits portant semence ; ce sera votre nourriture. À toutes les bêtes sauvages, à tous les oiseaux du ciel, à tout ce qui rampe sur la terre et qui est animé de vie, je donne pour nourriture toute la verdure des plantes. » (Genèse, 1 :29-30)

Après le déluge, la consommation de viande est permise mais sous certaines conditions : « Tout ce qui se meut et possède la vie vous servira de nourriture ; je vous donne tout cela au même titre que la verdure des plantes. Seulement, vous ne mangerez pas la chair avec son âme, c'est-à-dire avec le sang. » (Genèse, 9 :3-4)

On pourrait interpréter ce passage comme une justification du végétarisme puisqu'il est tout à fait impossible d'enlever complètement le sang de la chair animale. La viande n'est jamais dépourvue de trace de sang.

La consommation de chair animale semble directement liée avec les sacrifices d'animaux. La Bible, à cet égard, est parfois contradictoire mais de nombreuses citations prouvent que Dieu n'aime pas le sang versé des animaux :

> « Que m'importent vos innombrables sacrifices ? dit Yahvé. Je suis rassasié des holocaustes des béliers et de la graisse des veaux. Le sang des taureaux et des boucs me répugne (...) Cessez de m'apporter des offrandes inutiles ; leur fumée m'est en horreur (...) Quand vous étendez les mains, je détourne les yeux.

> Vous avez beau multiplier les prières, moi je n'écoute pas. Vos mains sont pleines de sang, lavez-vous, purifiez-vous (...) Ôtez votre méchanceté de ma vue. Cessez de faire le mal! Apprenez à faire le bien. »
> (Isaie, 1:11-16)

Dans le judaïsme, l'alimentation est rigoureusement réglementée (kasher) et certains animaux déclarés purs ou impurs. L'animal impur ne peut être ni mangé ou offert en sacrifice.

Végétarisme et Pacifisme

Il semble que plusieurs juifs, ayant échappé à l'enfer des camps de concentration, devinrent par la suite végétariens, en réaction peut-être au fait que les Nazis les avaient traités comme du bétail, sans aucune pitié pour leurs souffrances et leur détresse.

Edgar Kupfer-Koberwitz est un juif pacifiste emprisonné à Dachau entre 1940 et 1945. Pendant son incarcération, il put écrire en secret son journal et le publia en 1956 sous le titre de *Dachau Diaries*. Dans ce livre, il explique entre autres, pourquoi il est végétarien :

> « Je refuse de manger des animaux parce que je ne peux me nourrir avec les souffrances et la mort d'autres créatures. Je refuse d'agir ainsi parce que je souffre tellement moi-même et que je peux ressentir la souffrance des autres. (...) Je pense à l'horrible époque de l'Inquisition et je suis désolé de dire que le temps des tribunaux pour hérétiques n'est pas terminé car les hommes cuisent dans l'eau bouillante d'autres créatures, sans défense entre les mains de leur bourreau. (...) Je crois que les hommes tueront et tortureront tant que les animaux seront tués et torturés. Les guerres continueront aussi. »

Après l'Inde, c'est en Israël où l'on compte le plus de végétariens per capita.

JÉSUS L'ESSÉNIEN ET LE CHRISTIANISME

En 1947, à Qumrân, un jeune berger bédouin découvrit dans une grotte des urnes scellées contenant des documents datant d'avant l'ère chrétienne. Ces « manuscrits de la Mer Morte » décrivent de façon précise la vie d'une secte juive, celle des Esséniens dont les concepts religieux et les rituels se rapprochent de ceux du Maître Jésus.

Ceux qui étudièrent les parchemins furent stupéfaits de constater que quelques fragments des manuscrits, même s'ils dataient d'avant la naissance de Jésus, ressemblaient à certains passages du Nouveau Testament. On y retrouvait, entre autres, l'enseignement du « Maître de la droiture », que de nombreux historiens identifièrent comme appartenant à Jean le Baptiste, Essénien et mentor de Jésus.

Le mot essénien vient du grec *osios* ou « saint ». Selon l'historien Josephus, « les Esséniens vivaient la même sorte d'existence que celle que Pythagore introduisit chez les Grecs. » En effet, il existe de grandes ressemblances entre les communautés pythagoriciennes et esséniennes. Toutes deux condamnaient les sacrifices d'animaux et la consommation de chair animale. Les disciples portaient des vêtements blancs, mangeaient le soir le seul repas de la journée, jeûnaient, se baignaient rituellement et montraient un intérêt pour la numérologie. Ils croyaient en l'immortalité de l'âme et au respect pour toutes les formes de vie.

Les communautés monastiques esséniennes regroupaient des hommes et des femmes et, à leur apogée, vers l'an 25 avant J.-C., on les retrouvait dans plusieurs villages et villes de la Palestine. Les Esséniens se considéraient comme les « Fils et les Filles de la Lumière », mettaient tous leurs biens en commun et partageaient leur surplus avec les pauvres. Ils n'avaient pas d'esclaves et, comme les bouddhistes, adhéraient à une éthique de non-violence et de paix. En végétariens convaincus, leur nourriture se composait principalement de fruits, de légumes, d'herbes et de céréales. Ils s'adonnaient à la culture des arbres fruitiers, à celle des plantes médicinales et en grands thérapeutes, ils guérissaient par l'imposition des mains.

Jacques, le frère de Jésus (selon certains évangiles apocryphes) qui dirigeait l'église de Jérusalem après la mort du

Maître « ne buvait pas de vin, ni ne mangeait aucune chair animale ». Jacques, fut élevé par des parents végétariens, nous disent Hegisuppus et saint Augustin. On pourrait donc en déduire que Jésus fut lui aussi végétarien dès sa naissance puisque, selon diverses sources, sa mère Marie (en hébreu : Myriam) était végétarienne, mais aussi Essénienne.

Jésus rejetait les sacrifices d'animaux. À cette époque, c'était une habitude répandue que de tuer les animaux pour les offrir à la divinité, et un prétexte pour manger de la viande en toute bonne conscience. Jésus se révolta contre cette pratique barbare. À cet égard sa « sainte colère » au temple est révélatrice : « Dans le temple, il trouva des gens qui vendaient des bœufs, des moutons et des pigeons; il trouva aussi des changeurs d'argent à leurs tables. Alors, il fit un fouet avec des cordes et les chassa hors du temple, avec leurs moutons et leurs boeufs. » (Saint Jean, 2:14-15). Manifestement, ces animaux n'étaient pas vendus pour être des animaux de compagnie mais bien pour être sacrifiés et mangés.

Ce grand Maître de la non-violence englobait dans sa compassion tous les êtres vivants. Dans « l'Évangile de la Paix », un texte traduit par saint Jérôme (lui-même végétarien) puis retrouvé dans les Archives du Vatican par le professeur Edmond Bordeau Szekely, Jésus livre son message de végétarien pacifiste :

> « Celui qui tue, se tue lui-même et celui qui mange des animaux morts mange du poison. »
>
> « Ne tue pas, ni ne mange la viande d'innocentes bêtes, parce que ceci est le chemin de la souffrance et ce chemin conduit à la mort. »
>
> « Dieu ordonna aux anciens : tu ne tueras pas ! Mais leur cœur était endurci et ils transgressèrent cet ordre. Moïse désirait qu'au moins ils ne versent pas le sang humain et il toléra qu'ils tuent les animaux. Et le cœur de vos ancêtres se durcit davantage, et hommes et bêtes furent tués indifféremment. Quant à moi, je vous le dis, ne tuez ni hommes, ni bêtes, et ne portez pas à la bouche la chair tuée. Car si vous vous nourrissez d'aliments vivants ils vous vivifieront, alors que si vous tuez, la chair morte vous tuera à son tour. La vie ne procède que de la vie et la mort engendre toujours la mort. »

Dans cet Évangile Essénien, on retrouve aussi ce dialogue entre un Saducéen et Jésus :

> « Dis-moi pourquoi dis-tu que nous ne devons pas manger la chair des animaux? Le bétail ne fut-il pas donné à l'homme comme les fruits et les herbes? Jésus lui répondit en ouvrant un melon : Regarde ce fruit de la terre, regarde avec tes propres yeux ce bon fruit du sol et vois les graines qu'il contient. Chaque melon peut produire plus de 100 autres melons. Si tu plantes cette graine, tu te nourris du vrai Dieu car aucun sang n'a coulé. Aucun cri n'a été perçu par tes oreilles et aucun sang n'a été vu de tes yeux. La vraie nourriture de l'homme provient de notre mère la Terre. Mais regarde ce que Satan donne : l'angoisse et la mort, le sang des vivants pris par l'épée. Ne sais-tu pas que celui qui vit par l'épée périra par l'épée? Vas, plante le bon fruit de la vie et ne fais plus souffrir les animaux. »

Selon le Dr A. Powel, « l'Église chrétienne du premier siècle après Jésus avait une organisation, un enseignement et des sacrements presque identiques à ceux des Esséniens. » Mathieu et Pierre, proches disciples de Jésus, ne consommaient pas de chair animale. Plusieurs pères de l'église chrétienne – Clément d'Alexandrie, Origène, Athanase – étaient végétariens. Ces ascètes jeûnaient rituellement et le soir prenaient le seul repas de la journée composé de pain, d'herbes et d'huiles.

Saint Jean Chrysostome (345-407) proclamait : « nous, les dirigeants chrétiens, pratiquons l'abstinence de la chair animale. » Saint Basile (VIe siècle) considérait pour sa part : « l'odeur de la viande obscurcit la lumière de l'esprit. Au paradis terrestre, il n'y a pas de vin, personne ne sacrifie d'animaux ou ne mange de la viande. »

L'enseignement primordial de Jésus l'Essénien se perdit peu à peu et des corrections ou omissions furent apportées dans les textes chrétiens afin que la consommation de la viande soit acceptée. Plusieurs concepts fondamentaux se modifièrent, afin de rendre ces écritures acceptables à l'empereur Constantin, lors du Concile de Nicée en 325. Cet empereur n'était pas végétarien, car dit-on, il versait du plomb liquide dans la gorge des végétariens qu'on capturait.

Dans les monastères par ailleurs, l'habitude du végétarisme se conserva. Saint Boniface (672-754) écrivit au pape Zacharie qu'il venait d'édifier une communauté où les moines ne mangeaient pas de viande, ni ne buvaient de vin. Saint Benoit, fondateur de l'ordre des Bénédictins en 529, conseillait une nourriture végétarienne pour ses moines. Les règles de l'ordre de la Trappe, formulées par Armand Jean de Rance (1626-1700), stipulent que la nourriture des trappistes doit comporter des légumes, des racines, du lait et jamais de poisson, d'œuf ou de viande.

Les animaux peuvent modifier notre conscience et nous révéler, à leur façon, de grandes vérités. Hubertus (656-727) l'apprit cu-rieusement. Alors qu'il était à la poursuite de gibier, une lumière apparut soudain sur le panache d'un cervidé. Complètement transfiguré par cette illumination, Hubertus abandonna à jamais la chasse, entra au monastère et devint plus tard, pour les Catholiques, Saint Hubert. (Les chasseurs n'ont pas compris grand-chose en faisant de ce saint leur patron!)

Saint Eustache (XIe siècle) eut lui aussi une transformation spirituelle grâce à un animal. Pendant qu'il chassait, il vit briller entre les cornes d'un cerf une croix. L'animal lui dit: « Pourquoi me persécutes- tu? Je suis le Christ que tu sers sans le connaître. » Peu après, il se fit baptiser et renonça – on s'en doute – définitivement à la chasse.

Saint François d'Assise (1182-1226), nommé patron de l'écologie par le pape Jean-Paul II, aimait beaucoup ses frères les animaux. Sa vie est parsemée d'anecdotes touchantes concernant le monde animal. Un jour, on lui apporta un levraut pris au piège. François le caressa et lui dit: « Petit frère, pourquoi t'es-tu laissé prendre? » Et il le relâcha pour qu'il retourne vite à sa forêt. Un autre jour, alors qu'il se promenait près d'un lac, un pêcheur lui offrit un poisson vivant qu'il venait de prendre. François accepta le cadeau mais remit aussitôt le poisson dans l'eau en chantant les louanges de Dieu. François eut l'occasion aussi de ren-contrer un homme qui partait à la foire, vendre deux agneaux qu'il avait suspendus à son épaule par les pattes. François fut ému par cette vision et se mit à caresser les bêtes. Puis, il déclara à l'homme: « Pourquoi torturer ainsi mes frères les agneaux? » Il offrit à l'homme d'acheter les agneaux en échange de son manteau puisqu'il n'avait pas d'argent. L'homme accepta immédiatement et François sauva d'une mort certaine ces animaux.

François nommait « frères et soeurs » toutes les créatures de Dieu : « Toutes les choses de la Création sont les enfants de Dieu et donc les frères des hommes. Dieu veut que nous aidions les animaux, s'ils ont besoin d'aide. Toute créature dans la détresse a le même droit d'être protégée. »

De la paix avec les animaux découlera la paix entre les humains : « s'il existe des hommes qui excluent n'importe laquelle des créatures de Dieu de la protection qu'offre la compassion et la pitié, alors vous aurez des hommes qui agiront de même avec leurs compagnons. » ajoute François.

Gnosticisme chrétien

Les doctrines gnostiques (du mot grec *gnôsis*: connaissance) apparaissent en même temps que le christianisme et se présentent comme un savoir intuitif et secret, un mode d'approche ésotérique que l'on retrouve dans toutes les religions (il y a une gnose juive, islamique, etc.). Mouvement très complexe, le gnosticisme chrétien se rattache entre autres, au Manichéisme, au Mandéisme, aux Pauliciens, aux Bogomiles et aux Cathares.

Les Pauliciens, secte fondée en Syrie au VIIIe siècle par Constantin de Manalis, rejettaient le culte de Marie, la plupart des sacrements chrétiens et la consommation de viande. Ils furent déportés en Bulgarie où ils influencèrent peut-être les Bogomiles. Ces derniers avaient comme représentant principal un prêtre bulgare du nom de Bogomil et, au XIIe siècle, leur prédication connut un grand succès, particulièrement en Italie. Les Bogomiles étaient végétariens.

À la même époque, partout en Europe, se répand le phénomène cathare. On qualifie le plus souvent les adeptes de manichéens, et le terme cathare (du grec *catharos*: pur) n'apparaîtra que plus tard. En Italie, en Allemagne, en Angleterre mais surtout en Languedoc – Sud de la France – les Albigeois (autre appellation des Cathares) réunissent dans leur vision spirituelle des éléments venant à la fois des Bogomiles, des Esséniens, des Bouddhistes et des Pythagoriciens. Se voulant fidèles au christianisme primitif, seul l'Évangile de saint Jean est retenu comme véridique. Pour eux, l'univers est le siège d'un grand combat entre le Principe de la Lumière et des Ténèbres et l'âme emprisonnée dans la matière doit se réincarner jusqu'à ce qu'elle ait connu l'union illuminatrice avec le Christ.

Pour les Cathares, le respect de la Nature dans toutes ses manifestations est primordial. Manger de la chair animale freine le progrès spirituel, autant des animaux que des humains car ils sont tous deux les parcelles de la même substance divine. En accord avec cette notion de la métempsychose, et par purification aussi, les Cathares s'abstenaient de viande, d'œufs et de lait.

Le clergé cathare – hommes et femmes – se composait de Croyants et de Parfaits. Ces derniers choisissaient l'ascèse, la contemplation et la méditation. Parfois, ils pratiquaient le rite de l'*endura*, en jeûnant jusqu'à la mort. Les Cathares parcouraient les contrées en proclamant un évangile de renoncement et de simplicité. L'imposition des mains – le *consolamentum* – transformait le corps physique des fidèles en corps de lumière. Souvent médecins ou chirurgiens, les Cathares s'occupaient des pauvres et des malades.

Leur révolte pacifique contre les mœurs corrompues du clergé catholique leur valurent d'être persécutés de façon impitoyable par l'Inquisition. Déjà en 1052, deux *hérétiques* furent torturés et brûlés vifs après avoir refusé de manger du poulet! Pendant les siècles suivants d'innombrables bûchers s'allumèrent partout en Europe afin d'anéantir toute trace de catharisme. On brûla tous les livres de la communauté. En 1244, 200 Cathares périrent par le feu en Montségur dans le Sud de la France tout comme 15 autres en 1412 à Chierie, en Italie.

Plusieurs ennemis des Cathares ayant contribué à leurs massacres – Bernard, Dominique, Louis IX – eurent l'insigne honneur d'être canonisés par l'Église catholique.

Quelque temps plus tard, la philosophie des Rose-Croix prit naissance. Dans cet enseignement chrétien et ésotérique, on s'abstient de consommer de la viande car les animaux mangés, nos jeunes frères sur l'échelle de l'évolution, sont entravés dans leur processus de transformation au lieu d'être aidés. Une nourriture qui nécessite la mort d'animaux est contraire au développement de l'âme. Pour Max Heindel, de la Fraternité Rosicrucienne : « tous les vrais chrétiens s'abstiendront par pure compassion, de consommer de la chair, car ils comprendront que dans toute vie il y a l'étincelle divine et que causer de la souffrance à un être doué de sensations est répréhensible. »

À notre époque, des millions d'Adventistes du Septième Jour, un groupe chrétien fondé à New-York par Ellen White en 1850, s'appuient sur la Bible afin de justifier leur végétarisme.

Par de là les millénaires, le Maître Jésus, les Esséniens et leurs descendants les Pauliciens, les Bogomiles, les Cathares et tous les autres, nous enseignent que la non-violence doit s'étendre aussi aux animaux et que le végétarisme est au cœur du christianisme véritable.

Jésus approuverait-il le massacre de millions de dindes pour commémorer sa naissance à Noël?

L'ISLAM

Quoique dans les pays musulmans la consommation de viande soit répandue, les interdits alimentaires sont nombreux : l'alcool, la viande de porc, la viande d'animaux morts naturellement ou tués contrairement aux rites.

Pourtant, selon les premiers biographes de Mahomet (qui vécut entre 570 et 632 après J.-C. en Arabie, à la Mecque et à Médine), le prophète se nourrissait surtout de fruits, de légumes et de miel. Il n'aurait mangé de la viande que quatre fois dans sa vie. De plus, dans un verset du Coran, il est dit que la chair et le sang d'animaux sacrifiés ne mène pas jusqu'à Dieu, alors qu'une vie sainte et pleine de dévotion y mène tout droit.

Mahomet (transcription française de Mohammed « le Glorifié ») connaît ses premières transes mystiques à l'âge de quarante ans. L'ange Gabriel lui apparaît et le persuade de sa mission prophétique. Pour les musulmans, tous les prophètes (à part Mahomet) sont juifs : Adam, Noé, Abraham, Moïse et Jésus.

Dans son livre *Islamic Concern for Animals*, l'Imam de la mosquée de Londres Al-Hafiz B.A. Masri exprime toute sa peine au sujet des excès perpétrés sur les animaux au nom de la religion. Se référant au saint Quran Majeed et aux enseignements de Mahomet, il s'insurge contre tout acte de torture sur les animaux; même garder des oiseaux en cage est un péché. Il y répète les paroles du Prophète : « Quiconque tuera un moineau ou quoi que ce soit de plus petit, sans qu'il l'ait mérité, Dieu le questionnera à ce sujet. Celui qui épargne le moineau et le prend en pitié, Allah lui sera miséricordieux au jour du Jugement. »

L'Imam Masri est végétarien et conseille à tous d'adopter une alimentation sans viande.

Le *soufisme*, courant mystique développé à l'intérieur de l'Islam, alimente encore de nos jours la philosophie et la poésie de cette religion. Ce mouvement apparut au VIIe siècle en Perse et l'on donnait à l'origine le nom de *çouf* – laine – aux ascètes portant un vêtement de laine grossière en signe de renoncement aux vanités du monde. Ces grands mystiques menaient une vie de renonciation, un peu comme les premiers ermites chrétiens et se nourrissaient frugalement, rejetant la viande.

L'idée fondamentale du soufisme a pour origine non seulement certains passages du Coran mais aussi de nombreuses thèses gnostiques qui circulaient dans le monde byzantin. Dans sa croyance en l'unité, où la totalité des choses créées n'est qu'une immense manifestation de la divinité, le soufisme se rapproche de l'hindouisme et du bouddhisme. C'est par l'illumination extatique que le soufiste atteint l'unicité divine. Il est intéressant de noter que parmi les grands noms du soufisme, on retrouve une femme, Rabiia-Al-Adawiuya (morte en 801) qui enseignait une doctrine de l'amour mystique.

Pour les sages soufistes, il est primordial d'avoir un esprit de compassion et de sympathie envers l'entière création de Dieu. Le saint Mir Dad affirmait : « quiconque mange de la chair, devra payer plus tard de sa propre chair. Celui qui brise les os d'un autre être verra ses os écrasés. Chaque goutte de sang versée devra être repayée par son propre sang. Telle est la loi éternelle. » Le saint Sarmad quant à lui condamnait la viande parce que : « la Lumière est endormie dans les métaux, rêvée dans les plantes, éveillée dans les animaux et complètement accomplie chez les êtres humains. »

Enfin, pour le philosophe musulman Al-Ghazzali (1050-1111) : « se nourrir de la chair de la vache apporte la maladie mais son lait apporte la santé. Une habitude alimentaire motivée par la compassion procure une vie paisible. »

LE SIKHISME

Le sikhisme est un intéressant mélange de croyances venant à la fois de l'hindouisme et de l'islam. La secte fut fondée par Guru Nanak, premier d'une lignée de neuf gourous, qui vécut au Panjab – nord de l'Inde – entre 1469 et 1538.

Guru Nanak interdisait formellement à ses disciples de boire du vin et de manger de la viande. Lui-même était végétarien. Il considérait la consommation de viande comme impropre « particulièrement pour ceux qui essaient de méditer. »

On retrouve dans le sikhisme l'influence déterminante du saint Kabir Sahib (1440-1518). Poète extrêmement fécond, beaucoup de ses chants mystiques ont été incorporés à l'*Adigranth*, le Livre Saint des sikhs. Kabir est né à Bénarès et passa toute sa jeunesse en milieu musulman, d'où l'empreinte du soufisme dans son oeuvre. Tisserand de son métier, il rencontra l'hindou Râmananda et se déclara son disciple. Kabir avait des disciples musulmans et hindous. Il condamnait la chair animale au nom de la pitié et de la non-violence et s'adressant aux musulmans leur dit : « la langue qui ordonne de tuer des êtres vivants pour la satisfaction des sens est vaine. Ces manières ne plaisent pas à Allah. » Encore de nos jours, dans le nord de l'Inde, on peut rencontrer les *Kabirpanthis*, ascètes errants, menant une vie pure et simple, comme leur maître.

Un maître sikh, Hazur Sawan Singh (1858–1948) recommandait de s'abstenir de toute nourriture animale, telles que la viande, le poisson, la volaille et les œufs parce que « le fait d'ôter la vie endurcit le cœur et crée de lourdes dettes karmiques. La nourriture carnée représente une entrave dans toute progression spirituelle. » Pour ce maître, il est évident que :

> « Les oiseaux et les animaux qu'on tue ne désirent pas être tués. Ils essaient d'échapper à la mort et veulent vivre autant que nous. Ne se débattent-ils pas lorsque nous les capturons? Ne ressentent-ils pas la souffrance que nous leur infligeons? Ne sont-ils pas les enfants de Dieu au même titre que les êtres humains? Le Seigneur Miséricordieux ne demandera-t-il pas des comptes à ceux qui les massacrent sans pitié? Celui qui aime Dieu et souhaite le rencontrer ne tuera aucune créature vivante, quelle qu'elle soit. »

À notre époque actuelle, de nombreux maîtres spirituels du sikhisme croient qu'une alimentation végétarienne est absolument essentielle aux chercheurs de la lumière et du son sacré. Promettre de ne pas manger de viande est même une condition intrinsèque pour recevoir leur initiation.

LE BOUDDHISME

L'AHIMSA est le premier des préceptes de l'éthique bouddhiste. Cette conduite morale fondée sur une vaste conception d'amour universel et de compassion est la base de l'enseignement du Bouddha. Cet « Éveillé » dont le nom personnel était Siddharta naquit dans le nord de l'Inde vers 560 avant J.-C. Il fut d'abord un prince puis, confronté avec la réalité de la vie et de la souffrance, il abandonna à l'âge de 29 ans son royaume. Devenu ascète, il erra pendant six ans dans la vallée du Gange rencontrant différents maîtres spirituels, étudiant et suivant leurs méthodes. Insatisfait, il médita sous l'Arbre de la Sagesse, le Bodhi et atteignit l'Éveil, à l'âge de 35 ans.

Après son illumination, pendant 45 ans, Bouddha enseigna une voie qui libère de la douleur des renaissances, une doctrine d'amour, de charité, de bonté et de tolérance.

Dans cette Inde du VIe siècle avant J.-C., les brahmanes interprètent à leur façon les écritures sacrées et immolent des animaux pour mieux manger leur chair. Bouddha le compatissant rejette ce ritualisme sacrificiel et implore la clémence pour tous les êtres vivants, animaux compris. S'abstenir d'ôter la vie fait partie intégrante de l'AHIMSA : « celui qui dans ce monde fait souffrir les créatures vivantes, en qui il n'y a pas de compassion, qu'il soit considéré comme un paria. » (*Vasala Sutra*)

Cette bienveillance pacifique découle vers le végétarisme car « la consommation de chair détruit la semence de la compassion. » (*Mapriniruana Sutra*)

Personne ne peut purifier son esprit avec du sang et « il vaut mieux empêcher une bête de souffrir que de rester assis à contempler les maux de l'univers avec les prêtres en prières » nous assure Bouddha.

La Vie est une et toutes les existences interdépendantes. Dans ses sermons, l'Éveillé affirme qu'il fut, dans ses vies passées, un lion, un chien, un cheval, un bœuf, un singe et un perroquet. Sur la grande roue de la vie et de la mort, les animaux et les humains partagent la même parenté. Croire aux renaissances engendre un amour global puisque nous avons tous été, au cours de nos innombrables vies, unis en tant que pères, mères, enfants, sœurs, frères ou amis. Tous membres de la même famille planétaire et cosmique.

À Kusinara, à l'âge de 80 ans, entouré de ses disciples, Bouddha se coucha sur le côté droit et, en profonde méditation, quitta son corps. Quelques siècles après sa mort (vers 264 avant J.-C.), le roi guerrier Açoka, dégoûté par ses victoires meurtrières, revêt la robe jaune pour aller méditer lui aussi sous le figuier sacré de Bodh-Gaya. Il en revient complètement transfiguré. Açoka fonde alors plusieurs hôpitaux et refuges pour les animaux et décrète la protection des plantes médicinales. Les sacrifices d'animaux sont interdits et la chasse réglementée sévèrement. Délaissant la violence, renonçant à la guerre, Açoka se rallie au message pacifiste du Bouddha pour qui « la seule victoire qui amène la paix et le bonheur, c'est la victoire sur soi-même. »

Le roi, devenu écologiste, promulgue des édits gravés sur le roc, encore lisibles de nos jours, où il exprime publiquement son repentir. Plus jamais son épée ne sera tirée pour entreprendre une conquête car il « souhaite à tous les êtres vivants, non-violence, maîtrise de soi et pratique de la sérénité et de la douceur. »

S'appuyant sur les règles bouddhiques, Açoka envoya de nombreux missionnaires au Tibet, en Chine, au Japon et même en Grèce. Certains historiens – dont Denis Saurat – rapportent que le Bouddha fut ainsi connu des premiers chrétiens en Syrie et que l'Église chrétienne le canonisa sous le nom de saint Josaphat (du perse Budasi, Budsaif, Bodhisattva). On prétend même que des moines bouddhistes se rendirent jusqu'en Gaule et en Grande-Bretagne.

Après la disparition du Maître, l'extension du bouddhisme hors de l'Inde donna lieu à une multitude de sectes et d'écoles philosophiques. Selon le pays et la culture, différentes interprétations de l'enseignement bouddhique se développèrent et se scindèrent en deux grands courants : celui du petit véhicule (Hinayana ou Theravada) et du grand véhicule (Mahayana). On entend par *véhicule*, une barque qui permet de passer le fleuve des renaissances et d'accoster sur la rive de l'illumination...

Le petit véhicule se réclame des textes primitifs – rédigés en pâli – et se propagea au Sri Lanka, en Birmanie, au Laos, en Thaïlande et au Cambodge. Le grand véhicule quant à lui immigra en Chine, en Corée, au Japon, au Népal et au Tibet. (Dans ce dernier pays cependant, le bouddhisme chevauche les deux véhicules et se mêle au tantrisme.)

Malgré certaines différences entre ces véhicules, principalement en ce qui concerne les croyances, les pratiques et les observances, les deux s'accordent sur les enseignements les plus importants du bouddhisme. Mais pour la branche Hinayana, on cherche à atteindre le Nirvana (la vérité suprême) pour son propre bien alors que dans le Mahayana, le stade supérieur de l'illumination s'atteint non seulement pour son propre intérêt mais aussi pour celui de tous les êtres vivants. Le Boddhisatva, par compassion, s'investit dans le monde et « délivré, délivre ». Partant de ce principe spirituel, un Parfait, le Maitreya, descendra du ciel là où « tout est lumière, sans ombre » et ceux qui l'écouteront obtiendront immédiatement le Nirvana.

Pour les tenants du petit ou du grand véhicule, la consommation ou l'abstention de viande s'explique différemment. Les Mahayanistes se demandent « comment un Bhiksu (chercheur de la vérité) qui espère devenir un libérateur d'autrui, peut-il vivre en se nourrissant de la chair des autres entités vivantes? » Certaines sectes proscrivent la viande mais aussi le lait et les oeufs parce qu'obtenus par un acte de procréation. D'autres autorisent le poisson car on admet qu'il s'est lui-même accroché sur l'hameçon.

Pour l'actuel Dalai-Lama : « les tibétains considèrent que tuer un animal, pour quelque raison que ce soit est un péché; mais pas le fait d'aller au marché et d'acheter la viande d'un animal déjà mort. » Mais ce raisonnement s'avère quelque peu discutable puisqu'il croit aussi que « les bouchers chargés d'abattre les bêtes sont considérés comme des pécheurs et des proscrits. »

Les adeptes du grand véhicule rappellent les paroles de Bouddha dans le *Lankavatara Sutra* pour justifier le végétarisme :

> « Au cours des générations à venir, il y aura des ignorants qui confondront les commandements et détruiront la vraie doctrine. (...) Ces gens-là diront : le Bouddha a permis que l'on mange de la viande. Il a lui-même mangé de la viande. (...) Maintenant dans ce Sutra, je vous le déclare tout net, à partir de maintenant, la chair d'aucun animal ne devra être consommée, qu'il soit mort naturellement ou qu'il ait été tué. Je vous le dis tout net, s'il y a encore des ignorants qui calomnient le Tathagata,

> en disant que le Bouddha a permis de manger de la viande, vous devez savoir que ces hommes connaîtront de terribles karmas, qu'ils tomberont dans les trois mondes inférieurs. (...) Ce n'est pas vrai que la viande peut être consommée si l'animal n'a pas été tué par soi-même. »

Le *Suran Gama Sutra* abonde dans le même sens : « Ceux qui mangent de la viande ne sont pas de vrais disciples de Bouddha, ils n'atteindront jamais l'illumination. » Sachant la valeur de l'illumination dans le bouddhisme, ce Sutra revêt une importance capitale.

L'introduction du bouddhisme en Chine (vers le premier siècle avant J.-C.) s'incorpore avec les croyances locales. L'abstinence de la viande dans le Céleste Empire est antérieure à l'arrivée du bouddhisme où même la soie et le cuir étaient prohibés. On peut y voir là l'influence du taoïsme, dont son plus grand représentant, Lao-Tseu (né vers 550 avant J.C.) enseignait l'harmonie avec le grand Tout par le Tao (la Voie). Dans les règles monastiques du taoïsme actuel se retrouvent ces commandements : « Tu ne tueras aucun être vivant et tu ne feras de mal à aucun. » – « Tu ne consommeras ni la viande ni le sang d'aucun être vivant. »

Les moines bouddhistes chinois sont totalement végétariens et la tradition végétarienne se retrouve même dans les restaurants chinois de notre époque puisque les plats sans viande se nomment généralement *Délices du Bouddha* !

Deux poèmes chinois, d'inspiration bouddhiste et datant de plusieurs siècles, illustrent bien ce végétarisme fondée sur l'AHIMSA :

Chair de notre chair

Les pourceaux sont aussi des êtres vivants
Leurs corps possèdent les mêmes éléments que les nôtres
D'entendre leurs plaintes et voir leur impuissance
Emplit nos cœurs de compassion
Un cri est lancé au monde des hommes
Pour l'amour de la vie
Ne tuez pas
Et, si vous ne mangez point de la chair,
Vous avez déjà fait un travail pour l'amour de l'humanité.

Kidnappé

Où il y a la vie, il y a le désir de vivre
En cela il n'y a aucune différence entre l'humain et la bête
La chose la plus affreuse est de tuer
La chose la plus douloureuse est de vivisectionner
Quand un oiseau de basse-cour est attrapé, mais non tué
Il est effrayé à mort
Lorsque vous coupez sa gorge, il sursaute dans l'agonie
Et si quelqu'un médite là-dessus
Comment pourrait-il ensuite avoir le cœur de manger
de la chair.

Le bouddhisme se répand au Japon vers le VIe siècle après J.-C., grâce à des moines chinois et coréens. Jusqu'au siècle dernier, c'était encore la religion établie de l'Empire du Soleil Levant. La doctrine de Bouddha a profondément marquée toute la vie japonaise et dans les temples bouddhistes, le végétarisme est de rigueur.

Les moines chinois apportèrent avec eux le tofu – fromage de soja – et les moines japonais en firent longtemps leur aliment de base. Jusqu'au XIIIe siècle, toutes les échoppes japonaises de tofu étaient la propriété exclusive des moines bouddhistes. On raconte qu'après sa conversion au bouddhisme Zen, la caste des guerriers, celle des samouraïs, délaissa le poisson pour faire du tofu son menu quotidien. Le déjeuner typique du samouraï se composait alors de soupe où flottaient des cubes de tofu frits.

Quelle que soit la secte à laquelle on se rapporte, Hinayana, Mahayana, bouddhisme tantrique, chinois ou Zen nippon, on constate que les bouddhistes ne se sont en réalité jamais écartés de la notion de compassion. Et ces sentiments de miséricorde et de pitié envers tous les êtres vivants s'appuient nécessairement sur l'AHIMSA et le végétarisme.

LE JAÏNISME

L'enseignement du jaïnisme peut se résumer en un seul et unique concept : l'AHIMSA. Il pénètre tous les enseignements philosophiques ou pratiques des jaïns. Ne pas tuer, minimiser la violence inhérente à notre existence terrestre, respecter ces infinités d'âmes (les *jivas*) immatérielles, sans formes, éternelles qui peuplent l'Univers et se débattent dans les méandres des renaissances, voilà le fondement du jaïnisme.

« On ne doit tuer, ni maltraiter, ni injurier, ni tourmenter, ni pourchasser aucune sorte d'être vivant, aucune espèce de créature, aucune espèce animale, ni aucun être d'aucune sorte. Voilà le pur, éternel et constant précepte de la religion, proclamé par les sages qui comprennent le monde. » (Ayaram Gasutta, IIIe avant J.C.)

Comme dans toutes les religions, les jaïns se divisent en sectes. Les Digambaras (vêtus du ciel), des ascètes errants, ont renoncé à tout, même à leurs vêtements ! D'autres sadhus vivent dans des monastères vêtus seulement d'un tissu de coton blanc sans coutures et portent sur le visage un masque de coton couvrant leur nez afin de ne pas inhaler de créatures microscopiques. Il y a des femmes ascètes très respectées. Pour les laïcs, les interdits, alimentaires entre autres, sont moins stricts. Toutefois, tous les jaïns sont absolument végétariens. Ils excluent de leur alimentation : la viande, le poisson, les œufs, le miel ainsi que l'eau non-filtrée et les légumes-racines, à cause des micro-organismes qu'ils peuvent contenir. Le cuir et la fourrure demeurent évidemment prohibés.

La spiritualité du jaïnisme fut façonnée par 24 maîtres (les *Tirthankara*) dont le premier aurait vécu il y a plus de 8000 ans. Le dernier de cette lignée de *saints parfaits* se nommait Mahavira et vit le jour vers 580 avant J.-C. dans le nord-ouest de l'Inde. Il fut d'abord prince de la caste des Ksatriya, celle des guerriers. Ses parents étaient les disciples du 23e Tirthankara, Parshwa, grand défenseur de l'AHIMSA au IXe siècle avant J.-C. Vers l'âge de 30 ans, Mahavira renonce à son royaume et se fait sadhu. Pendant 12 ans, il parcourt le pays, le corps et les pieds nus, jeûnant, se soumettant à d'austères rituels de purification, méditant à la recherche de la vérité. Dans la quarantaine, il atteint l'ultime connaissance intuitive (le *Kevala*) et se transforme en *Jiva*, un conquérant du karma. Pendant 30 ans, il prêchera son adhésion irréductible à l'AHIMSA rejetant les sacrifices d'animaux, la consommation de la chair animale et le système des castes.

On ne peut que faire un parallèle entre la vie de Mahavira et celle de Bouddha. Selon certaines indications, Bouddha fut pendant un certain temps un disciple de Mahavira, mais se détourna de l'ascétisme rigoureux de ce maître, choisissant plutôt la *Voie du Milieu*. Bouddha retiendra par ailleurs dans son enseignement, la vision jaïniste de l'AHIMSA, basée sur le respect de tous les êtres vivants.

À l'âge de 72 ans, alors qu'il avait plus de 200 000 disciples, Mahavira jeûna jusqu'à la mort, un rite sacré encore utilisé de nos jours par certains jaïns et nommé le *sallakhana*.

À travers les millénaires, les jaïns (tout comme les pythagoriciens) furent de grands mathématiciens et astronomes. On leur doit l'idée conceptuelle de l'infini. Alexandre le Grand lors de son invasion du nord-est de l'Inde, vers 326 avant J.-C., rencontra des sadhus. Nommés *gymnosophistes* (les philosophes nus) par les Grecs, ils semblaient indifférents au pouvoir et à la grandeur d'Alexandre. En fidèles d'AHIMSA, ils refusèrent de lui parler tant qu'il n'aurait pas retiré son armée.

De nos jours, plus de 4 millions de jaïns vivent en Inde, regroupés principalement dans le sud et le nord-ouest du pays. Hommes de loi, banquiers, financiers, professeurs, commerçants de pierres précieuses, les jaïns laïcs occupent des métiers faisant d'eux l'un des groupes les plus riches du pays. Même en menant une vie active, ils observent leur vœu de non-violence puisque l'interdiction de la chasse ou de la consommation de viande sont les conditions essentielles pour être un vrai jaïn, que l'on soit laïc ou moine.

En protecteurs de la Vie sous toutes ses formes, les jaïns administrent des *Panjarapor*, sorte de refuges pour animaux âgés ou malades. Il n'est pas rare de voir de riches jaïns de Bombay ou d'Ahmedabad expulser les bouchers des marchés de bétail ou acheter des animaux afin de les sauver de l'abattoir. Plusieurs d'entre eux ont fondé des associations pour le bien-être des animaux; en activistes convaincus, ils militent contre les sacrifices des bêtes, une pratique archaïque défendue dans la plupart des états indiens – sauf dans l'Orissa – mais malheureusement encore en vigueur au Népal.

Se considérant comme des parcelles du même tissu vivant, les jaïns pratiquent la tolérance et s'opposent à toute forme de guerre. Ils reconnaissent l'unité de tous les humains et de toutes les religions. Un philosophe jaïn du XIIe siècle après J.-C., Hemchandra, n'hésitait pas à affirmer : « je me prosterne devant tous ceux qui ont vaincu l'attachement et la haine, qu'il soit Brahma, Visnu, Siva ou Jina. » Des rois jaïns tels que Kurmarpala ou Vishnudardhan édifièrent des temples dédiés au jaïnisme mais aussi à Siva et à Visnu.

Sur de très hauts sommets se perchent les temples jaïns et il faut grimper d'innombrables marches pour atteindre la cime où résident dans le marbre blanc, les statues des « saints parfaits ». Ces temples comptent pour les plus beaux ensembles architecturaux de l'Inde, particulièrement ceux situés au Mont Abu, à Sravanabelgola ou à Palitana. Dans cette dernière ville, le pélerin doit escalader une montagne de 602 mètres afin d'admirer plus de 800 temples réalisés sur une période de 900 ans, panthéons étincelants touchant le ciel et glorifiant la vie prodigieuse de ces fous de l'AHIMSA qui, tout comme Hemchandra, proclament : « AHIMSA, c'est comme une mère aimante pour tous les êtres. Dans la fournaise de la douleur, l'AHIMSA est comme le nuage chargé de pluie. Le remède le meilleur pour les êtres tourmentés par le mal qui s'appelle le retour éternel de l'existence, c'est l'AHIMSA.. »

L'HINDOUISME

« L'Inde est à la fois un mythe et une idée, un rêve et une vision et cependant très réelle et présente et pénétrante. » (Nehru)

Depuis des temps immémoriaux, l'Inde a vu naître nombre de traditions et de maîtres spirituels. Dans le monde de la spiritualité, *Mother India* occupe une place primordiale et elle marqua profondément plusieurs philosophes, écrivains, poètes ou courants mystiques.

Dans les années 20, des fouilles archéologiques dans la vallée de l'Indus (au nord de l'Inde, dans le Pakistan actuel) mirent à jour une ville antique, datant du troisième millénaire avant notre ère, Mohenjo-Daro. Dans ses vestiges, on découvrit une statuette à l'effigie de Siva, en posture yogique. L'histoire de l'hindouisme se perd dans l'éternité; c'est le produit d'innombrables civilisations, races et tribus qui s'influencèrent mutuellement et évoluèrent vers une unité dans la diversité.

Ce concept de cohésion dans la multiplicité se retrouve dans toutes les écritures sacrées de l'hindouisme, que ce soit dans les *Védas*, les *Upanishads* ou le *Mahabharata*.

L'hindouisme a découvert l'Ultime à travers une multitude de symboles et l'a expliqué dans sa fabuleuse mythologie. Brahma (le créateur), Visnu (le conservateur) et Siva (le transformateur) se fondent en un triangle, la Trimurti. Cette trinité est unique, constituée de trois forces, et elle doit sa puissance créatrice à ses trois *Shaktis* (énergies féminines) qui sont respectivement Sarasvati, Laksmi et Parvati. On se bouscule aux portes de l'Absolu !

Pour le brahmane védique, toutes les formes de vie – l'eau, les arbres, les animaux, les humains, les Dévas (les anges) – possèdent une énergie et une conscience. Elles sont identiques à l'âme universelle (Brahman), font partie intégrante d'un continuum cosmique et doivent leur existence à l'Atma (Soi ou Âme). Cette conception mystique de l'Univers est décrite dans les Upanishads : « elle est une, l'âme présente en chaque individu, bien qu'elle paraisse multiple et unique, à la manière de la lune se reflétant dans l'eau mouvante. » « Quiconque se voit dans tous les êtres et voit tous les êtres en lui, devient ainsi un avec le Brahman suprême. » Voilà le sens du célèbre *tat tvam asi* (cela, c'est toi).

Dans son pélerinage pour retourner à la Source, l'âme « non-née, immortelle, originelle, éternelle », doit-elle s'absorber et fusionner dans la lumière ou se perdre dans l'amour d'une personnalité spirituelle? Grande question à laquelle répondront, à leur façon, une lignée de sectes et de maîtres de l'hindouisme. L'Absolu étant parfois plus facile à concevoir sous des traits anthropomorphiques et, connaissant le pouvoir omniscient, tout-puissant et omniprésent de l'Essence Suprême, le disciple hindou peut suivre différentes voies, qu'elles se rattachent à la croyance d'une communion mystique avec le Tout ou d'un face à face cosmique avec des Dieux aimants.

« Si vous pouvez les considérer comme des frères (les animaux), vous aurez fait un pas en avant vers la fraternité de toutes les âmes, sans parler de la fraternité entre les hommes ! » (Swami Vivekananda)

Étant des âmes connectées à la même roue des renaissances, il est de notre devoir d'exprimer une certaine forme de solidarité envers tous les êtres vivants. La notion de karma, c'est-à-dire que nous sommes ce que nous avons fait et devenons ce que nous méritons de devenir, découle obligatoirement vers un code éthique où la compassion, la bonté et la pitié se joignent dans un amour global. Le karma nous lie, mais il peut aussi nous libérer. Afin que s'établisse un ordre universel (en sanscrit : *Rita*), rien n'empêche l'élaboration de ce code, pas même une différence de doctrine métaphysique.

« AHIMSA PARAMO DHARMA ». « AHIMSA est le plus grand devoir. AHIMSA est la meilleure austérité. AHIMSA est le plus grand cadeau. AHIMSA est le plus grand pouvoir. AHIMSA est le plus grand ami. AHIMSA est la plus grande vérité » nous dit le Mahabharata, une grande épopée mythique dont la Bhagavad-Gita est issue. Dans ce *Chant du Bienheureux*, le héros Krishna, une incarnation de Visnu ayant vécu voilà près de 5000 ans, livre à son disciple Arjuna son enseignement sur la non-violence, le devoir, la nature de l'âme ainsi que sur les moyens pour transcender définitivement l'illusion matérielle, la *maya*. Notre union cosmique avec les autres habitants de l'Univers s'éclaire d'amour car pour

Krishna : « l'homme sage, éclairé du pur savoir, voit d'un œil égal, le brahmane noble et érudit, la vache, l'éléphant ou encore le chien et le mangeur de chien. » Une belle leçon de tolérance...

Évidemment, au nom de la non-violence, Krishna condamne la consommation de chair animale, fondant son interdiction sur les Védas puisqu'il est « celui qui connaît les Védas ». Il est vrai, qu'à une certaine époque, les brahmanes, imbus de leur pouvoir, commirent des atrocités au nom de la religion, sacrifiant des animaux et dévorant leur chair. Cette pratique sacerdotale devait être rigoureusement codifiée et s'effectuer dans des endroits sacrés. Chaque maison se transforma plutôt en abattoir et, sous prétexte d'accomplir des sacrifices védiques, des massacres sanglants eurent lieu. Au VIe siècle avant notre ère, Mahavira et Bouddha s'insurgèrent contre cette dégénérescence et ce manquement à la loi de l'AHIMSA. Reconnu comme une incarnation de Visnu, Bouddha entra dans l'hindouisme et y laissa des traces significatives, tout comme Mahavira, le jaïn.

Les brahmanes se rallièrent au concept de l'AHIMSA, et au XIIe siècle Marco Polo notait dans ses récits de voyage : « ces brahmanes ne mangent pas de viande. Jamais ils ne tuent une créature vivante, quelle qu'elle soit. »

L'éthique de la compassion ne se limite pas au végétarisme. Un voyageur anglais du XVIe siècle, Ralph Fitch dans *Early Travels in India*, témoigne de cette non-violence en action :

> « J'allais du Bengale au pays de Cochin. Là, tous sont nobles de coeur et ne tuent rien. Ils ont des hôpitaux pour les moutons, les chèvres, les chiens, les chats, les oiseaux et toutes les créatures vivantes. Quand ces animaux sont vieux et infirmes, ils les soignent jusqu'à leur mort. Si un homme prend ou achète une bête quelconque, il l'apporte là, ils la lui paient en argent ou en nature et la gardent dans un hôpital ou la mettent en liberté. »

Cette révérence pour la vie animale a des répercussions insoupçonnées. Ramana Maharshi (1879-1950) vécut toute son existence dans la ville de Thiruvanamalai dans le sud de l'Inde, près du mont sacré Arunachala, là où dit-on, Siva lui-même habite. Ce saint n'hésitait pas à répondre à cette question d'un disciple :

> « Est-ce qu'un être peut faire des progrès spirituels dans un corps animal ? »
>
> « Ce n'est pas impossible mais excessivement rare. Il n'est pas vrai que la naissance humaine soit nécessairement la plus élevée et que l'on ne puisse atteindre la réalisation qu'à partir de la condition humaine. *Même un animal peut atteindre la réalisation du Soi...* »

Quelle affirmation révolutionnaire quant à notre conception parfois étriquée du processus évolutif des animaux.

Si les animaux ont une âme, reliée à la nôtre et à celle de l'Âme universelle, s'ils peuvent se réaliser spirituellement, le végétarisme est donc de rigueur.

Voilà comment A.C. Bhaktivedanta Swami Praphupada (1896-1978) explique la corrélation entre l'AHIMSA, la réincarnation et le végétarisme :

> « L'AHIMSA ou non-violence consiste à n'interrompre l'évolution d'aucun être vivant. Ceux-ci (les animaux) en transmigrant d'une espèce à l'autre, suivent une certaine évolution et progressent eux aussi. Un animal voit son progrès freiné. En effet, avant de s'élever à l'espèce animale supérieure, il devra revenir dans l'espèce qu'il a prématurément quittée pour y achever le laps de temps prévu pour lui. On ne doit donc pas empêcher l'évolution des animaux pour la seule satisfaction de son palais. »

Praphupada est un vaishnava ou disciple de Visnu. Sous les instances de son gourou, il quitta l'Inde à l'âge de 71 ans pour se rendre à New York. Sans le sou, mais doté de puissants pouvoirs charis-matiques, il inaugura à travers le monde des centaines de temples et de restaurants végétariens. Son Bhakti-Yoga, le yoga de la dévotion, rencontra un vif succès parmi la jeunesse de l'époque. Un vent d'hindouisme soufflait alors sur les années 60 ; des vedettes de la musique rock comme les Beatles allèrent en Inde, bientôt suivis par des millions de jeunes du monde entier. D'ailleurs, ce sont John Lennon et George Harrison qui invitèrent Praphupada à Londres en septembre 1969 afin qu'il y propage son enseignement.

Tout n'étant qu'éternel recommencement, les décennies suivantes héritèrent de ce leg spirituel venant de l'est qui culmina dans un vaste mouvement nommé Nouvel Âge. La ferveur actuelle pour la pensée positive et créatrice, pour la méditation, l'étude des corps d'énergie et les chakras, la réincarnation et la réalisation du Soi provient directement de l'hindouisme (et d'une certaine façon du bouddhisme).

Puisque nous sommes de « vivantes étincelles de divinité, nous dit Swami Hariharananda, le but de la vie réside dans la réalisation de la Conscience cosmique qu'elle soit appelée Esprit, Dieu, Absolu ou Soi. » La Lumière est la présence vivante de l'âme et notre immersion en elle, le samadhi. Afin de contrôler notre mental, de développper nos corps invisibles, de prendre contact avec notre âme et d'ouvrir le lotus de notre cœur, diverses techniques s'offrent à nous.

Avant toute chose, le Yogi (ou la Yogini) doit répandre un amour inconditionnel à tous les êtres vivants en adhérant à ce que Panjatali décrivait comme *« le plus grand vœu de la discipline yogique »*, l'AHIMSA.

« La viande des animaux est comme la chair de nos propres fils. » (*Mahabharata*)

Dans l'Univers non manifesté, l'Énergie possède trois qualités ou *guna*. Elles coexistent en équilibre : *Sattva* : la pureté, la lumière, l'harmonie – *Rajas* : l'activité, la passion, le changement – *Tamas* : l'obscurité, la résistance, l'inertie. Quand l'Énergie prend forme, une de ses trois gunas prédomine. C'est sur cette notion énergétique que s'articule toute la science de l'Ayurvédique, un système de guérison remontant à plusieurs millénaires. On retrouve ce concept dans la médecine chinoise traditionnelle symbolisée par le yin et le yang. Donc, pour se purifier et atteindre la lumière, pour instaurer la paix dans son coeur, son esprit et sur toute la planète, le Yogi a une alimentation la plus sattvique possible, c'est-à-dire sans viande, volaille, poisson ou œuf. Puisque les aliments ont un effet certain sur l'Énergie, le végétarisme (en sanscrit : *sakahara*) est conseillé car la viande transmet toute la peur, la terreur et la souffrance de l'animal abattu. Pas facile de méditer le ventre plein de cris de cochons égorgés !

« Il existe une seule religion, la religion de l'amour et du coeur. Il existe un seul message, le message de l'AHIMSA, le message de se retrouver soi-même dans tous les autres êtres. » (Swami Sivananda)

Des confins de l'Himalaya jusqu'aux plages de la Baie du Bengale, l'AHIMSA coule à travers l'Inde, tel le Gange sacré. Prosterné aux pieds de Siva ou tourbillonnant dans la conque de Visnu, l'AHIMSA prend à témoin Manu, considéré par les Védas comme le père de la race humaine et à qui Brahma révéla les lois réglant la vie des individus : « Après avoir mûrement considéré l'origine révoltante de la viande et de la cruauté de la captivité et de la mise à mort, abstenons-nous entièrement de toute consommation de viande. » Et Manu ajoute : « On ne peut se procurer de la viande sans blesser un être vivant, ce qui nous empêche d'accéder à la félicité céleste ; évitons donc de manger de la viande. »

Malgré des siècles de colonialisme britannique, français ou portugais, d'influence islamique et de l'actuel tourisme de masse, le respect de la vie animale est toujours présent en Inde. Et pas seulement envers les vaches dites « sacrées ». D'autres animaux ont droit à une révérence religieuse : le singe, le cheval, l'éléphant, le paon, le serpent, le rat, etc. Certains furent intimement liés aux Dieux, tels le rat, monture de Ganesha ou le Singe Hanuman, le plus fidèle disciple de Rama.

Malheureusement, le végétarisme n'est plus aussi strict en Inde, surtout dans les grandes villes où il est maintenant possible grâce aux antennes paraboliques, de se brancher sur la civilisation occidentale et de découvrir que les héros ne s'appellent plus Krishna mais MacDonald's.

Mais dans plusieurs villes, la viande est encore interdite (parfois même les œufs) ainsi que les abattoirs. À Pushkar, dans le Rajesthan, cité toute blanche érigée autour d'un lac sacré, aucune viande ou poisson n'est vendu, pas même dans les hôtels pour étrangers occidentaux. À Puttaparthi, là où réside le sage Sathya Sai Baba, pas de traces de viande non plus. Dans un hôtel de la place, l'auteure de ce livre a dégusté un délicieux Sai Burger, végétarien évidemment !

La nourriture offerte rituellement aux divinités dans les temples et distribuée par la suite aux croyants ne comporte jamais de viande ou de poisson. Dans les ashrams, les maîtres spirituels passés ou présents (Babaji, Sri Aurobindo, Dadaji J.P.

Vaswani, Rajneesh/Osho, Sri Chinmoy, Sivaya Subramuniyaswami et tant d'autres, si nombreux qu'il est impossible de tous les énumérer) conseillent une alimentation sattvique, aux fidèles marchant sur la voie du cœur et de la lumière.

Croire qu'un jour la planète ne sera plus un vaste abattoir mais un jardin luxuriant, un lieu pacifique pour les animaux et les humains, une terre vibrante d'AHIMSA, est-ce un mirage irréalisable ou une chimère illusoire ?

Paramahansa Yogananda (1893-1952) nous assure que : « l'utopie doit germer dans le cœur de l'individu avant de s'épanouir en vertu civique, les transformations intérieures conduisant naturellement aux extérieures. L'homme qui a commencé par se transformer lui-même transformera les foules. »

Voilà peut-être le message essentiel de l'hindouisme et de toutes les traditions spirituelles.

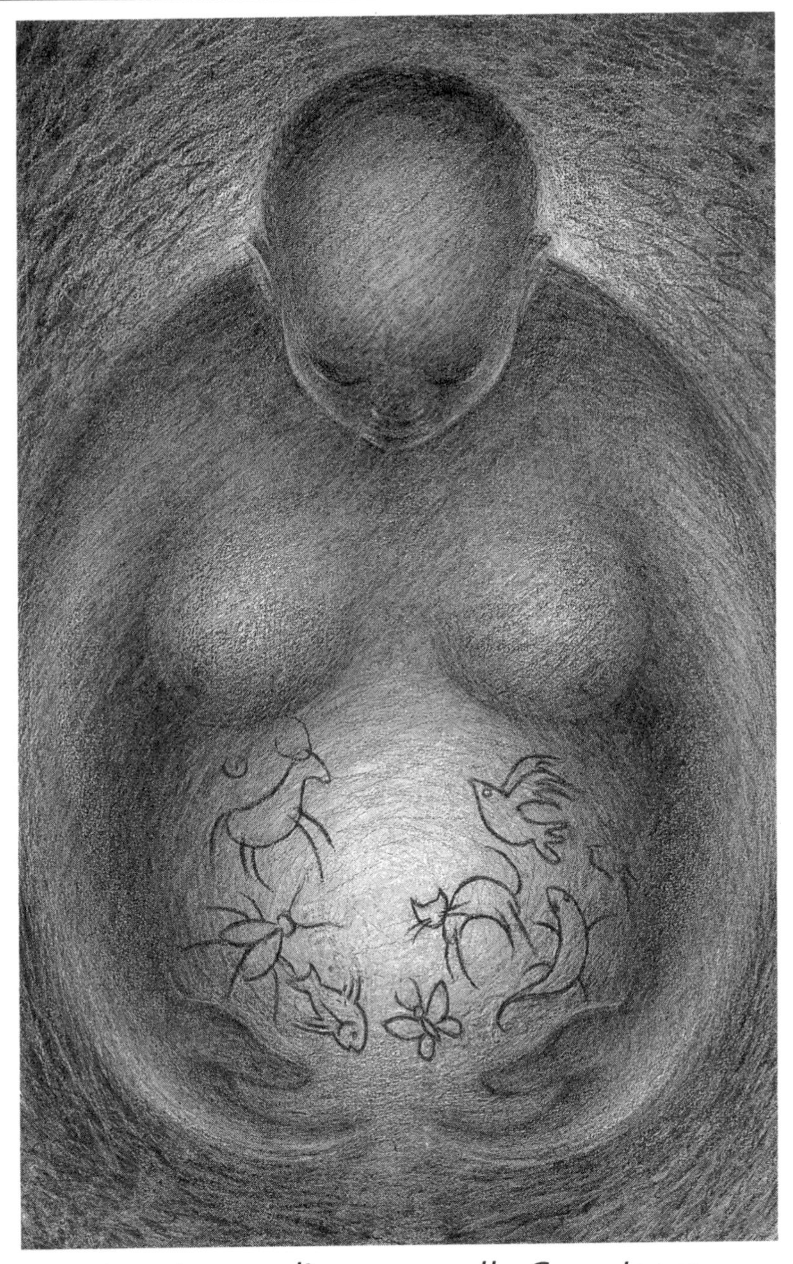

Je suis gros d'une nouvelle Conscience
Qui n'exclura plus rien d'elle-même.

– Pierre Gilles Martin

DESTINS CÉLÈBRES DU VÉGÉTARISME

« Nos corps sont des cimetières ambulants où se trouvent entassés les cadavres d'animaux abattus pour satisfaire nos appétits ; mais lors de ces régals nous ne nous posons jamais la question de savoir si les animaux n'ont pas des droits, au même titre que les hommes.

Nous prions le dimanche afin de recevoir la lumière qui guide nos pas sur la voie que nous suivons.

Nous sommes las de la guerre – nous ne voulons plus nous battre. Rien qu'à cette idée nous frémissons d'horreur. Et cependant, nous nous rassasions de cadavres, tels des vautours qui se nourrissent de charognes, restant indifférents à la souffrance et à la douleur que nous infligeons en agissant de la sorte ; si nous traitons ainsi les animaux sans défense dans le but de faire bonne chère, comment pouvons-nous espérer atteindre dans ce bas monde la PAIX dont nous sommes soi-disant si avides ?

Et pourtant nous la demandons à Dieu, malgré ces hécatombes de victimes, alors que nous bafouons outrageusement la loi morale ; ainsi la cruauté engendre sa progéniture – LA GUERRE. »
(George Bernard Shaw)

PYTHAGORE

« Tant que l'homme continuera à être le destructeur impitoyable des êtres animés des plans inférieurs, il ne connaîtra ni la santé, ni la paix. Tant que les hommes massacreront les bêtes, ils s'entretueront. Celui qui sème le meurtre et la douleur ne peut, en effet, récolter la joie et l'amour. » (Pythagore)

Les grandes figures mythologiques et philosophiques de la Grèce Antique ont grandement façonné la pensée occidentale. Pythagore, en particulier, né au VIe siècle avant J.-C., sur l'île grecque de Samos, a vu ses enseignements se perpétuer et il influença des philosophes tels que Empedocles, Socrate, Platon et Plutarque.

Jusqu'au XIXe siècle, alors que le mot « végétarien » n'est pas encore courant, on nommait ceux qui ne mangeaient pas de viande des « pythagoriciens ». Comme nous l'avons vu précédemment, l'enseignement de Pythagore ainsi que son végétarisme éthique ont des correspondances chez les hindous, les bouddhistes, les jaïns et les esséniens.

Pythagore croyait en la réincarnation, au fait que l'âme, au terme d'un long chemin de purification, immigre dans des corps d'animaux et d'humains afin de retrouver son état originel de béatitude. On ne peut croire en la transmigration de l'âme et manger de la chair animale. Toutes les âmes, animales et humaines sont interdépendantes car selon Pythagore : « les animaux partagent avec nous le privilège d'avoir une âme. » Un jour, en entendant le jappement d'un chien, Pythagore remarque qu'il reconnaît là la voix d'un ami.

La pensée pythagoricienne se fond dans l'orphisme, ce courant mystique grec remontant aux temps mythologiques. Orphée, le prophète de Thrace enseignait aux humains le respect des animaux :

> « Comme vous, ils ont une âme, comme vous, ils survivent, puis reviennent sur terre. Abstenez-vous donc de toute nourriture carnée ! Les animaux, continuait Orphée, sont comme vous les enfants du dieu primordial, Éros, grande énergie d'amour qui permet d'unifier tous les aspects du monde. Éros s'appelle également Phanès, celui qui resplendit et qui fait resplendir. Le grand Dieu, le seul Dieu est amour, il est

aussi lumière. C'est pourquoi vous, ses adorateurs, vous porterez des vêtements blancs et vous présenterez vos prières tournées vers le soleil d'aurore. »

Dans la pure ligne orphique, Pythagore recommande le respect de toutes les formes de vie, la prière tournée vers le soleil et interdit à ses disciples les sacrifices sanglants et la consommation de chair animale.

Pythagore fit de nombreux voyages en Perse, en Inde et en Égypte où il acquit ses connaissances de mathématicien. C'est à l'ensemble de l'école pythagoricienne qu'on doit plusieurs découvertes mathématiques, géométriques et astronomiques telles que la table de multiplication, le système décimal et le théorème du carré de l'hypoténuse. Le principe de toutes choses est le nombre, par lui s'explique l'Univers.

Au retour de ses voyages, Pythagore s'installe dans le sud de l'Italie, à Croton, vers 529 avant J.-C. et fonde une communauté dédiée à la méditation, à l'étude de la philosophie et des mathématiques. Les disciples peuvent se marier et fonder une famille; Pythagore lui-même maria une grande mathématicienne, Théano qui occupait un poste élevé dans la communauté.

La viande y est interdite car elle est considérée comme moralement répugnante et incompatible avec la poursuite de la « théoria », la pure contemplation. On y fait aussi du sport – de la course à pied, de la gymnastique, de la lutte, de la boxe – car, à l'instar des Yogis de l'Inde, Pythagore croyait que pour atteindre la paix de l'esprit dans la méditation, le corps doit être fort et en santé. Ce genre d'Ashram servira de modèle à Platon, pour l'édification de son Académie.

Porphyre dans sa « Vie de Pythagore » rapporte que le philosophe aimait se nourrir de pain de millet ou d'orge accompagné de légumes bouillis ou crus. Il appréciait particulièrement le miel, la moutarde et le chou, tellement qu'il écrivit, semble-t-il, un livre entier sur les bienfaits de ce légume.

Pythagore trouva la mort avec 30 de ses disciples vers 500 ans avant J.-C., suite à une révolte contre sa communauté. Une terrible persécution coûta la vie à un grand nombre de pythagoriciens. C'est à Platon que nous devons la diffusion de la connaissance pythagoricienne dans la pensée occidentale...

PLATON

De tous les philosophes grecs de l'Antiquité, Platon est celui dont les œuvres nous ont été à peu près intégralement conservées. Cela tient en particulier au fait que son école, crée sous le nom d'Académie, n'a pratiquement pas cessé d'exister – du moins administrativement – jusqu'au VIe siècle après J.-C. Archives, commentaires, dialogues où il fait parler son maître Socrate, rien n'a manqué à la propagation du platonisme.

Dès le XIIIe siècle, les érudits franciscains de l'Université d'Oxford étudiaient ce philosophe, grâce en partie à des néo-platoniciens comme Porphyre, Philon, Plotinus et Proclus qui firent connaître à l'Occident la pensée de leur maître. L'influence de Platon inspirera la scolastique médiévale représentée par saint Augustin, saint François, Denys l'Aréopagite et Boece.

Certains considèrent qu'aucun philosophe n'a vraiment surpassé Platon dans plusieurs domaines. Sur le plan social par exemple, il est le précurseur de nos idées actuelles. En Occident, il a eu un énorme impact sur la littérature, la philosophie et les mathématiques.

Platon est né à Athènes le 27 mai 427 avant J.-C., dans une vieille famille noble et semblait, de par ses origines, appelé à une carrière politique. À vingt ans, il rencontre Socrate (470-399 avant J.-C.) dont il devient le disciple.

Socrate était hostile à l'enseignement dogmatique et refusait tout cérémonial. Sa méthode consistait à faire découvrir la vérité à ses interlocuteurs en leur posant des questions (ironie) et en les obligeant à trouver eux-mêmes leurs propres contradictions (dialectique). Socrate ne revendiquait qu'une certitude, celle de savoir qu'il ne savait rien. Pour lui, c'est au fond de lui-même que l'homme trouve sa vérité et l'art de vivre selon la vérité. La formule figurant au fronton du temple de Delphes « connais-toi toi-même » était pour ce philosophe un pro-gramme de connaissance de soi et de vie intérieure. Son humanisme englobait aussi les animaux ; il était végétarien et ne portait jamais de cuir ou de fourrure animale.

Individualiste, sceptique vis-à-vis de la réussite sociale, il subit les conséquences de son indépendance. Ses concitoyens le trouvent bientôt gênant parce qu'il les force à s'interroger sur eux-mêmes. Son influence considérable sur la jeunesse aristocratique et son hostilité à la tyrannie de Critias lui valurent d'être accusé d'impiété.

Les conservateurs Athéniens, du *parti de l'ordre* l'arrêtent et le condamnent à mort. En 399, en toute sérénité et sans protestation, entouré de ses disciples, Socrate boit la coupe de ciguë, un poison mortel.

Profondément affecté par la mort de son maître, Platon quitte Athènes et voyage en Sicile, en Perse et en Égypte. À son retour, vers l'âge de 40 ans, il se fait le disciple d'Archytas un pythagoricien à la tête d'une communauté scientifique et religieuse établie dans le Sud de l'Italie et célèbre dans toute la Grèce pour son végétarisme.

Platon est un avide collectionneur des œuvres de Pythagore, un des plus grands de l'Antiquité et il achète tous les manuscrits du philosophe qu'il peut trouver. Sa pensée se lie aux pythagoriciens et, comme eux, il croit à l'immortalité de l'âme et à la réincarnation. La vie de l'animal doit être respectée, tout comme la vie de l'humain, car elle évolue et progresse vers l'Infini.

La philosophie, selon Platon, provoque une métamorphose de l'âme et celle-ci passe de l'ombre à la lumière. Par une réflexion appliquée, l'homme atteint l'Illumination, lui permettant ainsi la réalisation du Soi.

À Athènes, Platon fonde son Académie, calquée sur l'ordre pythagoricien, et dont l'un des objectifs est d'éduquer la jeunesse dans l'esprit de la réflexion philosophique, de manière à la rendre apte à renouveler l'État. C'est là qu'un de ses disciples Aristote étudia pendant près de vingt ans.

L'Académie sera dissoute en 529 après J.-C. par l'empereur Justinien parce que l'État est devenu chrétien et qu'on ne peut plus tolérer ce dernier refuge du *paganisme*.

Dans plusieurs de ses œuvres, Platon indique qu'une alimentation végétarienne est absolument nécessaire car elle relève de l'éthique et permet plus de compassion envers les animaux. Dans la société idéale et platonicienne, les habitants sont végétariens mais peuvent boire du vin, se marier et fonder une famille. Tout comme Pythagore, Platon croyait à l'égalité entre les sexes.

Platon est mort en 347 avant J.C. et laissa aux néo-platoniciens un riche héritage. Ces derniers, Porphyre, Iamblichus et Plotinus, étaient végétariens. Plotinus rejetait toute médecine contenant un ingrédient animal et Porphyre écrivit un des plus anciens livres sur le végétarisme : *Sur l'abstinence de la chair animale*.

PLUTARQUE

« Pourquoi manges-tu donc ce qui a une âme? » (Plutarque)

Au début de l'ère chrétienne, Plutarque synthétise dans ses écrits la pensée d'Orphée, de Pythagore et de Platon. Ses œuvres – *Les Vies Parallèles*, *De l'Intelligence des Animaux*, *Morallia* – fourmillent d'informations sur la philosophie grecque.

Il eut une influence considérable sur la culture européenne. Shakespeare le lisait avidement ainsi que nombre d'auteurs français tels que Rabelais, Montaigne, Racine et Jean-Jacques Rousseau. Ce dernier, dès l'âge de huit ans, avait mémorisé en entier *Les Vies Parallèles*. Pendant la révolution française, Plutarque était un auteur très en vogue.

En Amérique, les Transcendentalistes furent de fervents admirateurs du philosophe et, dans la première édition américaine de *Morallia*, Ralph Waldo Emmerson y écrivit une préface démontrant son adhésion aux idées de Plutarque.

En Angleterre, le poète romantique Percy Bysshe Shelly (1792-1822) traduisit en vers les essais de Plutarque sur le végétarisme. Par la suite, ses oeuvres (comme *Vindication of Naturel Diet*) dénoncèrent avec force la consommation de viande, ce qui eut un effet certain sur l'essor du végétarisme dans la Grande-Bretagne du XIXe siècle.

Plutarque (*Mestrius Plutarqus*) est né à Chaoronea en Grèce, dans une famille riche et cultivée. Très jeune, il entre à l'Académie fondée par Platon et devint le disciple d'Ammonus, un maître pythagoricien. Après Athènes, il voyage beaucoup, visitant l'Italie et l'Égypte. À son retour, il fonde dans sa ville natale sa propre Académie où il enseigne, écrit, entouré de sa femme et de leurs cinq enfants. Lecteur passionné, il amasse une des plus grandes bibliothèques privées de l'Antiquité.

Tout comme Platon et Pythagore, Plutarque est végétarien. Il s'oppose à la chasse et à la pêche, car ces activités répandent « l'insensibilité et la sauvagerie » chez les humains. Pour lui, la viande n'est pas faite pour la constitution de l'homme car celui-ci n'a pas les dents, les griffes ou l'estomac d'un carnivore : « Si tu veux soutenir que la nature t'a fait pour manger de la chair, procure-toi-la comme le font les animaux, sans couperet, ni couteau, ni cognée... tue-moi un bœuf à force de le mordre à belles dents... et mange-le encore tout vif, comme le font ces bêtes-là. » De plus, la consommation de chair animale obscurcit l'esprit et empêche l'âme de monter vers la Lumière.

Pour ce philosophe, l'habitude de manger de la viande est tout à fait répugnante :

> « Voulez-vous vraiment savoir la raison pour laquelle Pythagore s'abstenait de manger de la chair animale ? Pour ma part, je me demande plutôt en quelle occasion et dans quel état d'esprit était le premier homme qui porta du sang à sa bouche et la chair d'une créature morte à ses lèvres. Comment put-il mettre sur sa table des animaux morts et putréfiés et oser appeler nourriture ce qui, très peu de temps auparavant, mugissait, pleurait, bougeait et vivait. Quels yeux ont pu endurer le massacre de gorges tranchées, de peaux écorchées et de membres arrachés ? Comment son nez a-t-il pu supporter l'odeur nauséabonde ? Comment n'a-t-il pas été dégoûté par les plaies de ses victimes alors qu'il s'abreuvait du jus et du sang coagulé provenant de leurs blessures mortelles ? Nous ne mangeons certainement pas des lions ou des loups tués pour nous défendre, au contraire nous massacrons des animaux apprivoisés qui n'ont ni griffes, ni dents pour nous faire du mal. Pour le plaisir d'un peu de chair, nous les privons du soleil, de la lumière et de leur vie auxquels ils ont droit. »

Il se préoccupait aussi du destin misérable des animaux domestiques rejetés pendant leur vieillesse : « C'est une chose barbare de vendre les vieux chevaux, lorsqu'ils ne peuvent plus être d'aucun usage. C'est manquer de reconnaissance pour les services rendus. Il appartient à un homme vraiment bon de garder ses chevaux et ses chiens dans leur vieillesse malgré leur inutilité. » Mettant ses actes en accord avec sa pensée, Plutarque refusa de vendre un vieux bœuf appartenant à ses domaines.

Plutarque s'éteignit en 125 après J.-C., après avoir passé les trente dernières années de sa vie comme prêtre au temple de Delphes.

LÉNOARD DE VINCI

« Depuis mon jeune âge, j'ai renoncé à la viande et viendra un jour où d'autres hommes tels que moi considéreront le meurtre des animaux comme ils considèrent aujourd'hui le meurtre des hommes. » (Léonard de Vinci)

Léonard de Vinci est né à Vinci en Italie, un hameau tout près de Florence, le 15 avril 1452. On se rappelle de lui comme le grand peintre qui nous laissa des chefs-d'œuvre comme la *Vierge aux rochers*, la *Cène* et cette peinture d'une inconnue au mystérieux sourire, la *Joconde*. Mais il fut aussi sculpteur, urbaniste, ingénieur, architecte et philosophe.

Que n'a-t-il inventé, prévu dans ses travaux de visionnaire? L'avion, l'hélicoptère, le parachute, le scaphandre. Il envisagea même la possibilité du téléphone : « Des hommes des contrées lointaines se parleront et se répondront. » Après avoir déclaré : « la guerre est la plus bestiale des folies », il n'en prêta pas moins ses talents aux grands de son époque pour faciliter la fabrication de diverses machines de guerre.

Mathématicien et savant, il écrivit plus d'une vingtaine de livres, dont seuls quelques rares écrits nous restent.

En tant que philosophe, il s'intéressa vivement aux néo–pythagoriciens (Ovide, Plutarque, Plotinus, etc.) dont les écrits furent largement répandus pendant la Renaissance. Leurs idées à propos du végétarisme devinrent un sujet d'intérêt parmi le cercle d'artistes et d'intellectuels qui entouraient Léonard pendant sa jeunesse. En fait, le meilleur ami de Léonard, Tomasso Masini, surnommé Zorastro, était un végétarien convaincu et on peut croire qu'il eut beaucoup d'influence sur lui. Zorastro avait adopté un végétarisme encore plus strict que celui de son ami et refusait de porter du cuir, de la laine ou de la fourrure.

Même en tant qu'invité dans les palais des ducs et des rois, Léonard ne mangeait pas de viande. Il préférait à la place du pain et des fruits frais ou de la soupe aux pois chiches et de la salade. Pas d'œufs non plus, car disait-il : « Oh ! combien y en a-t-il qui ne verront jamais le jour ! D'œufs, qui étant mangés, ne deviendront jamais des poulets. » Au marché, il lui arrivait fréquemment d'acheter des oiseaux en cage qu'il relâchait ensuite en pleine campagne.

Il mourut seul et incompris de ses contemporains, à l'âge de 67 ans, en 1519.

JOHN HARVEY KELLOG

« Comment pouvez-vous manger quoi que ce soit qui ait des yeux? » (J.H. Kellog)

Ce nom nous rappelle immédiatement cette céréale que des millions de Nords-Américains dégustent au déjeuner. John Harvey Kellog inventa le *cornflake* en tant qu'alternative au déjeuner typique fait d'œufs et de bacon. Il fut aussi l'inventeur du beurre d'arachides et du *nuttose*, une préparation à base de noix mais ayant l'apparence de la viande. En 1933, il concocta pour la première fois en Amérique du Nord, du lait de soja qui aida à sauver la vie de Marie, une des quintuplées Dionne, atteinte à quatre mois d'une infection intestinale.

Né à Tyrone au Michigan, États-Unis, le 26 février 1852, dans une famille d'Adventistes du Septième Jour, Kellog fut un végétarien dès sa naissance. Il compléta de brillantes études en nutrition et devint un des plus grands chirurgiens de son époque. Il attribuait la guérison de ses nombreux patients au fait qu'avant chaque opération, il leur demandait d'abandonner la viande, l'alcool, le tabac et de rester végétarien l'opération terminée.

Le Dr Kellog croyait fermement qu'une alimentation faible en protéines animales renforçait la résistance à la maladie et contribuait à la longévité tout en augmentant l'endurance physique et mentale. Quant à l'alimentation à base de protéines, elle était néfaste pour les reins, le foie et source d'accumulation de toxines dans les intestins. En dernier recours, la chirurgie était utilisée pour soigner les désordres abdominaux. Tout au long de sa vie, il réalisa plus de 22 000 opérations dont la dernière à l'âge de 84 ans.

Malgré ses succès en tant que chirurgien, il prônait avant tout une meilleure alimentation : « une vache ou un mouton mort étendu dans le pâturage est appelé charogne. La même sorte de carcasse pendue dans la boutique du boucher passe pour de la nourriture. »

Sa carrière de médecin et d'inventeur le rendit immensément riche. Avec cet argent, il construisit plusieurs orphelinats et établit des sociétés de charité pour venir en aide aux pauvres des bas-fonds de Chicago. Grâce à lui, une chaîne de restaurants végétariens vit le jour à travers l'Amérique, où les pauvres pouvaient prendre un bon repas à très peu de frais.

Pendant deux ans, il fut à la tête du *Battle Creek Sanatorium*, un centre de repos dédié à la guérison par le soleil, l'air frais, l'exercice et l'alimentation végétarienne. Toutes les célébrités de l'époque, du milieu artistique, (comme George Bernard Shaw) ou industriel (comme Alfred Dupont ou John D. Rockfeller) vinrent se régénérer sous la gouverne du Dr Kellog.

Auteur de plus de cinquante livres, dont un livre de recettes vendu à sa sortie à plus de 30 000 exemplaires, ce brillant inventeur et chirurgien vécut jusqu'à l'âge avancé de 91 ans, entouré de ses 42 enfants adoptés.

SYLVESTER GRAHAM

Né le 5 juillet 1794 aux États-Unis, à Suffield au Connecticut, Sylvester Graham nous laisse en héritage ces fameux biscuits qui portent son nom. Il parcoura son pays pour prêcher sur le végétarisme, la tempérance et les vertus du pain de céréales entières fait à la maison. Dans son sillage, nombre de ses contemporains abandonnèrent la viande et les *Grahamites* se rassemblaient pour échanger sur le végétarisme et manger des repas végétariens.

Il fut ordonné ministre presbytérien en 1826 et rencontra le Révérend William Metcalfe, fondateur de la première communauté végétarienne de Philadelphie : *The Bible Christians*. Ce dernier con-seillait ardemment l'abstinence de la viande et de l'alcool. Suite à une suggestion de Metcalfe, Graham essaya le végétarisme. Cela améliora tellement sa santé déficiente qu'il devient un converti enthousiaste. Il croyait même que le végétarisme pouvait guérir de l'alcoolisme. Pour lui, l'alcool était un poison, un gaspillage éhonté de céréales qui pourraient servir plutôt à fabriquer des aliments beaucoup plus sains, comme le pain.

Il s'insurgeait aussi du fait que le pain était à cette époque de plus en plus raffiné et que l'on enlevait à la farine ses éléments les plus nutritifs. Il inventa donc la farine *Graham*. En 1835, Graham donna une série de conférences à Boston accusant les boulangers de mettre en péril la santé de ses compatriotes. Il dénonça aussi les horreurs perpétrées par les bouchers dans les abattoirs. À la suite de ses conférences, le prix du pain et de la viande au marché de Boston dégringola. Furieux, les bouchers promirent de le lyncher à mort, s'il donnait une autre lecture à Boston. Refusant l'intimidation, Graham organisa quand même d'autres lectures qui eurent beaucoup de succès.

En 1850, il participa à la création de la première association végétarienne *American Vegetarian Society* à New-York. Cette association organisa de nombreuses conférences et repas végétariens où étaient invitées de célèbres personnalités telles que les féministes Amelia Bloomer ou Lucy Stone. Car, en plus de faire la promotion d'une meilleure santé par le végétarisme, cette société faisait aussi celle des droits des femmes.

LES TRANSCENDANTALISTES (Bronson Alcott)

« Il sera considéré comme un bienfaiteur de sa race celui qui enseignera à l'Homme une alimentation plus innocente et plus saine. Je n'ai aucun doute que c'est la destinée des humains de s'améliorer graduellement jusqu'à ne plus manger d'animaux, de la même façon que les tribus sauvages ont cessé de se manger les unes les autres lorsqu'elles ont rencontré des êtres plus civilisés. » (Henry David Thoreau)

Au siècle dernier aux États-Unis, un groupe d'intellectuels et de philosophes fondèrent un mouvement connu sous le nom de transcendantalisme. Cette appellation venait d'un livre d'Emmanuel Kant *Critique of Pure Reason* où est développé le concept du *transcendantal dialectic.*

Les objectifs du transcendantalisme : « exprimer cet esprit qui élève les hommes à un niveau supérieur, restaurer en eux le sentiment religieux, leur apporter des buts valables et des plaisirs purs, purifier l'oeil intérieur (...) et réconcilier les pouvoirs pratiques avec les pouvoirs spéculatifs. »

Les plus connus des transcendantalistes sont Ralph Waldo Emerson (1803-1882), Henry David Thoreau (1817-1862), la féministe Margaret Fuller (1810-1850) et Bronson Alcott. Ralph Waldo Emerson, écrivain et philosophe, voyait l'intuition comme supérieure à la raison et aux perceptions des sens. Il établit à Boston en 1836 le *Club Transcendantaliste* et dirigea, avec Margaret Fuller, la revue du mouvement *The Dial* de 1840 à 1842.

Henry David Thoreau, ami intime d'Emerson, écrivit de nombreux livres dont *Walden, ou la Vie dans les Bois*, un ensemble de réflexions morales, de détails pratiques, d'observations naturalistes et poétiques sur sa vie solitaire pendant deux ans dans une cabane près de Concord. Une autre de ses oeuvres *La Désobéissance Civile* eut un impact considérable sur Tolstoï, Gandhi et Martin Luther King. Pendant la Deuxième Guerre Mondiale, dans divers pays, des objecteurs de conscience et des pacifistes s'appuyaient sur le texte de Thoreau pour défendre leurs positions.

Les Transcendantalistes étaient résolument contre l'esclavage des Noirs et pour la reconnaissance des droits des animaux. Thoreau fut végétarien à certains moments de sa vie mais c'est vraiment Bronson Alcott qui sut mettre en pratique les idées pacifistes du mouvement, en incluant le végétarisme comme mode de vie.

Né le 29 novembre 1799 dans une famille pauvre, Alcott devint par la suite professeur et fonda des écoles à Philadelphie et à Boston. Ses livres sur l'éducation des enfants eurent un succès retentissant en Europe. Il stimulait l'intelligence de ses élèves par la méthode de Socrate, c'est-à-dire par des dialogues et des monologues sur des questions d'ordre moral. En plus des leçons de grammaire, de géographie et d'arithmétique, il faisait avec ses élèves du jardinage et des pro-menades en forêt.

Grandement influencé par Pythagore, Plutarque et les théories de Sylvester Graham, Alcott adopta le végétarisme vers l'âge de 36 ans. Plus tard, il fonde en 1843 à Harvard au Massachusetts, avec sa femme et leurs quatre filles, la première communauté végétarienne *Fruitland* (une de ses filles, Louisa May, qui vécut de 1832 à 1888, deviendra une romancière célèbre avec, entre autres, un livre lu et traduit dans le monde entier *Les Quatre Filles du Docteur Marsh*). Voici comment Clay Lancaster dans *The Inception of Universal Ethics in Ancient Asia and Modern America* décrit la vie quotidienne de la famille Alcott :

> « Leur attitude pour la libération des animaux était irréprochable. Ils ne gardaient aucun cheval pour le travail et aucun bétail, qu'il s'agisse de poules, de porcs ou d'autres espèces pour la consommation et ils s'abstenaient de manger de la viande, du poisson, des œufs et tout produit laitier. Ils n'épandaient même pas de fumier sur leur terre, ils la travaillaient à l'aide d'une bêche. Ils se nourrissaient en général de ce qui mûrissait à l'air libre, des grains de blé, de seigle, d'orge, d'avoine et de sarrasin ; des fruits comme les pommes, les poires, les prunes, les pêches et les cerises ; de petits fruits et de melons ; de légumes, de pois et de fèves. Leur jardin regorgeait également de pommes de terre, de betteraves et de carottes. Leur nourriture de base était le pain de grain entier. Ils buvaient uniquement de l'eau. Ils ne portaient évidemment pas de fourrure et avaient même éliminé la laine. Le coton

était à rejeter car son achat encourageait l'esclavage. Ils portaient des vêtements de lin, une tunique dessinée par Lane et des chaussures de toile lorsque les souliers de cuir qu'ils possédaient déjà étaient usés. Après le coucher du soleil, ils s'assoyaient autour d'un feu ou dans l'obscurité ou allaient au lit pour éviter de brûler les chandelles de spermaceti ou les lampes à l'huile de baleines. »

Plusieurs personnes vinrent se greffer à la communauté mais celle-ci ne survécut que quelques mois, peut-être parce que jugée trop radicale pour l'époque.

Profondément affecté par la fin de son rêve utopique, Alcott se remit à l'enseignement et se tourna vers l'édition. En effet, vers 1879, il reçut d'Angleterre une récente publication du livre *The Light of Asia* d'Edwin Arnold, une biographie du Bouddha. Enthousiasmé, Alcott publia une édition américaine du livre. Succès immédiat, dans le mouvement transcendantaliste d'abord, puis reconnaissance populaire de la grandeur du bouddhisme, en laquelle Alcott retrouvait ses propres valeurs morales et spirituelles.

Jusqu'à sa mort en 1888, Alcott, que Ralph Waldo Emerson qualifiait du « plus transcendantaliste des philosophes », fit une remar-quable carrière de pédagogue.

HENRY SALT

« Si jamais nous arrivons à rendre justice aux animaux, nous devrons rejeter l'idée surannée de l'*abîme* qui les sépare des hommes, et admettre qu'un lien commun d'humanité unit tous les êtres vivants dans une fraternité universelle. » (Henry Salt)

Henry Salt naquit en Inde en 1851. Son père était un officier de l'Armée Indienne. Il avait seulement un an lorsque sa mère quitta le Colonel Salt et partit avec lui pour l'Angleterre, où il vécut le restant de sa vie. Salt excella au collège Eton ainsi qu'à Cambridge. Après avoir terminé son éducation, Eton lui-même l'invita à devenir professeur à son collège. C'est alors qu'il travaillait à Eton que Salt fit connaissance avec l'oeuvre de Henry David Thoreau. Les écrits de Thoreau et ceux du poète Percy Bysshe Shelley poussèrent Salt à faire des changements drastiques dans sa vie.

L'initiation de Salt à l'humanitarisme et à la réforme sociale et économique le convainquit à quitter sa carrière comme maître d'école. Il était déterminé à vivre une existence plus simple tout en poursuivant ses idéaux philosophiques.

En 1884, Salt et son épouse Kate quittèrent Eton pour aller demeurer dans un modeste cottage dans le village de Surrey. Salt renonça à la consommation de viande et commença à jardiner afin de se nourrir de ses propres légumes. Durant ce temps, il lut beaucoup et rencontra plusieurs personnes possédant les mêmes affinités.

En 1886, il écrivit pour un magazine, un article sur Thoreau et, quatre ans plus tard, compléta une biographie complète du même auteur. Malgré un accès limité aux essais de Thoreau et n'ayant jamais visité l'Amérique, Salt écrivit ce qui est encore aujourd'hui considéré comme la meilleure biographie parue sur l'auteur de *Walden ou la Vie dans les Bois*.

Salt et un groupe d'amis fondèrent la *Ligue Humanitaire* en 1891. Il assuma le rôle de directeur de cette organisation jusqu'en 1921, menant des campagnes contre la consommation de viande, les sports brutaux et la captivité des animaux sauvages.

Salt ne confina pas son travail humanitaire uniquement aux animaux. Parce qu'il croyait que « c'est une injustice monstrueuse d'infliger des souffrances inutiles à tout être vivant », il combattit pour des réformes dans les prisons, les hôpitaux, les écoles et les organismes militaires : « Notre principe fondamental est maintenant clair : si les droits existent, et le sentiment, comme l'expérience prouve qu'ils existent, on ne peut logiquement les attribuer à l'homme et les refuser à l'animal, puisque pour l'un comme pour l'autre, ils sont la manifestation d'un seul et même sentiment de justice et de compassion. »

Malgré la publication de plus de quarante livres et son travail incessant pour des réformes humanitaires, Salt a été méconnu. Il comptait cependant parmi ses amis, des hommes politiques influents et des figures littéraires, et ce sont ces derniers qui subirent le plus son influence. George Bernard Shaw fut un de ses grands amis, et c'est lui qui écrivit la préface de sa première biographie où il reconnaît l'in-fluence de Salt dans sa propre œuvre : « J'ai passé ma vie à écrire des sermons pour des pièces de théâtre, à prêcher ce que Salt pratiquait dans sa vie », écrivait-il. « Salt était un être original et unique dans sa façon d'être. »

Un de ses plus illustres admirateurs aura été sans conteste Gandhi qui reconnaîtra dans son autobiographie avoir été déterminé dans son optique végétarienne par la lecture d'un livre de Salt. Gandhi lut aussi la biographie que Salt avait fait de Thoreau et ses propos sur la « désobéissance civile » influencèrent ses propres conceptions de la « résistance passive. »

Henry Salt et Gandhi eurent l'occasion de se côtoyer un temps, autour de 1890, à la *Société végétarienne* de Londres.

Henry Salt mourut à Brighton, en Angleterre, le 19 avril 1939. Dans son allocution funèbre, qu'il avait lui-même rédigée, il se décrit comme étant « un rationnaliste, un socialiste, un pacifiste et un humaniste. » Ceux qui différaient d'opinion avec lui le décrivaient plutôt comme un fanatique, un maniaque ou un excentrique ! Il subit donc le même traitement que ceux qui prônent aujourd'hui la libération des animaux, et ne fut pas apprécié à sa juste valeur par ceux qui se sentaient menacés par la force de ses convictions.

Dans une lettre adressée à Gandhi, Salt acceptait cet état de choses : « Il doit y avoir quelqu'un pour parler le temps venu, ou la vérité ne sera jamais dévoilée. Mais il n'y a aucun doute à ce que dire la vérité soit une chose impopulaire. » (Source : Dena Jones Jolma)

GEORGE BERNARD SHAW

« Des atrocités ne sont pas moins des atrocités lorsqu'elles se passent dans un laboratoire et qu'elles sont appelées recherche médicale. » (George Bernard Shaw)

Né à Dublin en Irlande le 26 août 1856, George Bernard Shaw fut, tout au long de sa très longue existence, un végétarien pour des raisons éthiques, qui n'hésitait pas à s'élever contre l'utilisation abusive des animaux dans les sports, la vivisection, etc. Auteur de plus de 30 pièces de théâtre dont la plus célèbre est peut-être bien *Pygmalion*, il écrivit aussi de multiples critiques sur la musique, qui font encore référence de nos jours. En 1925, on lui décerna le Prix Nobel de la Littérature.

Très jeune, il devient végétarien après avoir lu l'œuvre de Percy Bysshe Shelley : « J'étais un cannibale. C'est Shelley qui le premier m'ouvrit les yeux sur la sauvagerie de mon alimentation. »

Shaw vécut l'essor du mouvement végétarien britannique à la fin du XIXe siècle. À cette époque, on vit apparaître dans Londres quantité d'associations et de restaurants végétariens. On publia aussi de nombreux livres dénonçant la consommation de la viande, et George Bernard Shaw, comme beaucoup de ses contemporains, fut grandement influencé par les écrits de son ami Henry Salt. Un jour, alors qu'il est très âgé et gravement malade, les médecins prédisent à Shaw qu'à moins qu'il ne mange des œufs ou de la soupe à la viande, il mourra. Il refuse de suivre les consignes de ses médecins. Ces derniers persistent dans leur point de vue et lui annoncent qu'ils ne peuvent garantir sa guérison. Shaw appela donc son secrétaire particulier et en présence des médecins dicta son testament. Celui-ci énonçait : « Je déclare solennellement que telle est ma dernière volonté : une fois délivré de mon corps physique, je désire que mon cerceuil soit porté au cimetière accompagné par un cortège funèbre composé comme suit : d'abord d'oiseaux, deuxièmement de moutons, d'agneaux, de vaches et d'autres animaux de ce genre, troisièmement, des poissons vivants dans un aquarium. Chacun des membres de ce cortège devrait porter une pancarte avec l'inscription : Seigneur, sois miséricordieux envers notre bienfaiteur G.B. Shaw qui a donné sa vie pour sauver la nôtre. »

Malgré l'avis contraire de ses médecins, Shaw se rétablit et vécut jusqu'à l'âge avancé de 94 ans, sans manger de viande !

GANDHI

« Adopter le principe de la non-violence oblige à se détourner de toute forme d'exploitation. » (Gandhi)

Comment résumer en quelques lignes la vie de ce Mahatma, cette « grande âme » qu'est Gandhi ? Il eut une existence remplie de contradictions, mais aussi de victoires, un destin tourné vers ces deux grands principes : l'Ahimsa et la vérité. Politicien, philosophe et mystique, il ébranla les fondements de l'empire britannique et, selon Romain Rolland : « Il inaugura dans la politique humaine le plus puis-sant mouvement depuis près de deux mille ans. » Cette figure mythique entraîna dans son sillage l'indépendance de l'Inde par le *Satyagraha*, cette *force de vérité*.

Pour parvenir à ses fins, il utilisa entre autres le jeûne, la résistance passive et la désobéissance civile. Il mit à l'œuvre de grandes campagnes de non-coopération avec les autorités et l'économie britanniques. À cela s'ajoute le refus de payer les impôts, initiative durement réprimée dans le sang par le gouvernement oppressif.

Totalement pacifiste, il affirmait : « Le seul effort valable est de résister à toute espèce de guerre en lui opposant la non-violence. » Sa pensée et ses actions furent largement influencées par la lecture de la Bhagavad-Gita et par John Rusky, Léon Tolstoï, Henry David Thoreau, Annie Besant et Madame Blavastsky, du mouvement théosophique.

Gandhi naquit dans un petit état de la péninsule du Gujerat, au nord-ouest de l'Inde, à Porbandar, le 2 octobre 1869. Ses parents étaient des *vaishnavas* et l'élevèrent donc selon les principes de l'alimentation végétarienne. Il grandit aussi entouré de jaïns. À l'âge de 14 ans, on le maria à une jeune fille du nom de Kasturbai dont il eut quatre enfants.

En 1888, laissant derrière lui sa jeune femme et son fils âgé de cinq mois, Gandhi débarque à Londres afin d'y étudier pour l'obtention de son diplôme d'avocat. À Londres, son vœu de ne pas manger de viande, fait à sa mère avant de partir, lui cause bien des tracas. La nourriture anglaise, avec ses légumes bouillis, lui paraît insipide et il a toujours faim ! Un jour par hasard, il trouve un restaurant végétarien et y achète *Plaidoyer pour le végétarisme* de Henry Salt. De là sa décision irrévocable de rester végétarien, malgré les pressions de son entourage carnivore. Son choix est pleinement assumé : « J'optai pour le végétarisme et sa propagation devint dès lors pour moi une mission. »

Sa foi dans le végétarisme pour une meilleure santé physique et spirituelle ira croissante de jour en jour. Il lit tous les livres qu'il peut trouver sur le végétarisme dont *Éthique de l'alimentation,* de Howard Williams, et *Vers le régime parfait,* de Anna Kingsford, deux classiques dans leur genre. Il s'inscrit à la *Société végétarienne* et y collabore en tant que membre du comité exécutif. Il y côtoie George Bernard Shaw et Edwin Arnold.

L'AHIMSA gandhienne recouvre donc plusieurs réalités et l'alimentation végétarienne vise nécessairement la conversion des cœurs. C'est une façon non violente de s'alimenter, pleine de respect et d'amour bienveillants pour tout ce qui vit, et pour Gandhi :

> « La tolérance est inhérente à l'AHIMSA. Nous sommes de pauvres mortels en butte aux contradictions de la violence. Le dicton selon lequel la vie nourrit la vie possède une signification profonde. L'homme ne peut vivre un seul instant sans commettre, consciemment ou non, de violence physique. Le fait de vivre, de manger, de boire et de remuer entraîne nécessairement la destruction de certaines formes de vie, aussi réduites soient-elles. Toutefois, le non-violent reste fidèle à ses principes si tous ses actes sont dictés par la compassion, s'il protège de son mieux tout ce qui vit, s'il épargne même les créatures les plus insignifiantes et si, de cette manière, il se libère de l'engrenage fatal de la violence. »

Après Londres, on retrouve Gandhi en Afrique du Sud où il séjourne pendant près de 20 ans, jusqu'en 1914. À son retour en Inde, il fonde là aussi des ashrams et s'implique politiquement. Sa vie personnelle et publique se fondent inextricablemment. Emprisonné à plusieurs reprises, il jeûne pour la purification des sens mais aussi pour l'égalité des Intouchables ou pour la paix entre le Pakistan et l'Inde : « Contre tout ce qui est immoral, j'envisage de recourir à des armes morales et spirituelles. »

À la fin de sa vie, Gandhi simplifia considérablement son alimentation. Ses repas consistaient généralement d'une salade de fruits ou de légumes accompagnée de chapatis, une galette sans levain. La salade de carottes était un de ses mets préférés.

Le 30 janvier 1948 Gandhi est assassiné en pleine rue par un déséquilibré.

Après sa mort, Lord Mountbatten, dernier vice-roi des Indes, déclara : « Le Mahatma était destiné à occuper dans l'histoire la même place que le Bouddha ou le Christ. »

Celui qu'on surnomme le *Père de l'Inde* nous laisse en héritage sa conception globale de la vie et son implication sociale soutenues par une profonde vision spirituelle. Une existence de luttes et de contemplation. Sa vie est son plus grand message.

Gandhi fut un précurseur de l'écologie aussi bien par sa façon de vivre que par l'influence de ses disciples. Lanza del Vasto, nommé Shantidas (serviteur de la paix) par Gandhi, a puisé dans l'expérience gandhienne pour façonner ses *Arches*, des communautés non-violentes et végétariennes : « notre végétarisme n'est qu'un rappel pour nous et pour notre monde que des êtres vivants ne sont pas des objets. » Cette alimentation végétarienne s'intègre aux actions transformatrices : « Cette nouvelle, cette bonne nouvelle, cet Évangile du siècle présent, c'est la non-violence active, militante. C'est la révolution totale : celle qui commence par soi même et non pas par les autres, qui ne commence pas par bousculer les institutions, mais par retourner le coeur. »

ANNIE BESANT

« Les gens qui mangent de la viande sont responsables de toute la douleur qui croît en-dehors de ce geste et qui nécessite l'utilisation de créatures sensibles comme nourriture ; sans compter les horreurs de l'abattoir, il faut aussi penser aux préliminaires de ces horreurs que sont le transport à bord de trains et de bateaux, penser aussi à la faim, à la soif et à la misère prolongées que ces pauvres créatures doivent endurer pour la simple stimulation de l'appétit humain. » (Annie Besant)

L'histoire n'a laissé que bien peu de place aux destins de femmes végétariennes. Mais l'existence extraordinaire de Annie Besant (née Wood) compense presque pour ce malheureux oubli. À la fin du XIXe siècle, c'était une des femmes les plus admirées de son époque, ayant une grande influence sur ses contemporains, dont Gandhi, qu'elle rencontra à plusieurs reprises à Londres puis en Inde, où elle passa les 37 dernières années de sa vie.

Éditrice de journal, écrivaine, première femme avocate et syndicaliste, Annie Besant fut aussi l'une des premières femmes anglaises à promouvoir publiquement l'éducation sexuelle et le contrôle des naissances. Tour à tour féministe, socialiste, politicienne et mystique, cette femme d'une apparence physique remarquable et d'une grande perspicacité intellectuelle est un modèle de femme accomplie.

Née à Londres le 1er octobre 1847, Annie Besant est élevée par sa mère, qui est veuve, et connaît une enfance assez difficile. À l'âge de 16 ans, sa beauté en fait le centre d'attraction des bals et des réceptions mondaines. À 20 ans, sur les conseils de sa mère, elle contracte un mariage de raison avec le Révérend Frank Besant, un ministre mathématicien de 7 ans son aîné.

Très vite la nature romantique, passionnée et poétique d'Annie se heurte à l'esprit rationnel de son mari. En plus, c'est un homme dominateur et violent. Un jour, alors qu'Annie est enceinte de plusieurs mois, elle a une discussion avec lui sur le fait qu'ils devraient limiter le nombre de leurs enfants. Furieux, Frank lui donne un coup de genou à l'abdomen et provoque ainsi l'accouchement prématuré de sa fille Mabel. Quelque temps plus tard, elle se sépare et se retrouve à Londres avec Mabel âgée de trois ans. Elle doit subvenir à ses besoins et à ceux de sa mère en travaillant comme gouvernante ou couturière.

Militante socialiste, elle rencontre dans la vingtaine, l'homme politique et libre penseur Charles Bradlaugh. Cette rencontre déterminante la confirme, à cette époque, dans son athéisme. Elle tombe follement amoureuse de Bradlaugh qui l'encourage à écrire dans son journal et à donner des conférences publiques. Elle développe de grands talents de communicatrice et, George Bernard Shaw n'hésite pas à la qualifier : « de plus grande oratrice d'Angleterre, sinon d'Europe. » En collaboration avec Bradlaugh, elle édite *Les Fruits de la Philosophie*, un livre sur les méthodes de contrôle des naissances écrit par l'américain le Dr Charles Knowlton. Grand scandale dans la société bien-pensante. En 1874, ils sont tous deux condamnés à la prison pour publication de « matériel obscène ». Malgré la répression et la censure, ce livre se vend à 185 000 exemplaires en trois ans.

Profitant de cette polémique, son mari Frank lui intente un procès afin d'obtenir la garde de leur fille. À cette époque, aucune femme n'est avocate, mais Annie Besant, brisant les tabous, assure elle-même sa défense. Malheureusement, le juge décide d'accorder la garde de l'enfant (ainsi que de son fils Digby) à son mari, et Mabel n'habitera avec sa mère qu'à sa majorité, à l'âge de 20 ans.

Bradlaugh considérait la consommation de viande comme immorale et était végétarien. Bien qu'Annie n'adhéra au végétarisme que plusieurs années plus tard, on peut penser que le fait de côtoyer Bradlaugh et aussi George Bernard Shaw l'influença grandement.

À l'invitation de ce dernier, elle joint les rangs de la *Société Fabian*, où elle donne de fréquentes lectures et rencontre des végé-tariens comme Shaw, avec qui elle eut une brève histoire d'amour, et Henry Salt. Elle s'intéresse aussi au syndicalisme et organise une grève en faveur des travailleuses de l'industrie des allumettes, femmes sous-payées et exposées à des produits chimiques toxiques leur faisant perdre les dents et les cheveux. Avec son aide, un syndicat voit le jour.

Mais son implication sociale ne répond pas entièrement à sa grande soif de spiritualité. Après la lecture de la *Doctrine Secrète*, elle se présente à son auteure, la théosophe Madame

Petrovna Blavatsky. Cette dernière démontrait un intérêt pour les questions psychiques et des aptitudes médiumniques. À la suite de ses grands voyages, Madame Blavatsky (1831-1891) avait fondé la Société Théosophique à New-York en 1875, en collaboration avec le Colonel Olcott. Elle fit de longs séjours en Inde et, en 1886, établit à Adyar, près de Madras, un centre théosophique.

Complètement fascinée, Annie Besant se considère comme la disciple de Madame Blavatsky et celle-ci, d'une santé chancelante, la désigne à sa succession, tout comme Annie plus tard choisira Krishnamurti qui lui, refusera de lui succéder.

Sa conversion à la Société Théosophique, dont un des buts est d'encourager l'étude comparée des religions et des philosophies, provoque une grande controverse dans les milieux londoniens. Elle se détourne de l'athéisme et adhère, comme beaucoup de théosophes, à une alimentation végétarienne.

Pour Annie Besant, le végétarisme a des racines dans l'éthique, la non-violence et fait partie intégrante de la voie spirituelle. Il est de notre devoir de guider et d'aider les animaux et non pas d'en être les tyrans et les oppresseurs : « nous n'avons aucun droit de leur causer de la souffrance et de la terreur simplement pour la gratification de nos sens. »

Sa vision spirituelle de l'Univers et de la place des animaux lui fait affirmer: « le massacre organisé des animaux dans les abattoirs, les tueries que provoque l'amour du *sport*, lancent chaque année dans le monde astral des millions d'êtres pleins d'horreur, d'épouvante et d'aversion pour l'homme. » Cette violence envers les animaux engendre des courants « qui font pleuvoir, du monde astral, sur les races humaines et animales, des influences qui tendent à accroître leur division, car elles engendrent d'une part la crainte et la méfiance instinctive, de l'autre le goût de la cruauté. »

Ces sentiments négatifs élargissent le gouffre séparant « l'homme de ceux qu'on a quelquefois appelés ses parents pauvres » et Annie Besant dénonce « ces méthodes froidement préméditées de torture scientifique, connues sous le nom de vivisection, méthodes dont les cruautés sans nom ont introduit de nouvelles horreurs dans le monde astral... »

En 1896, elle part vivre en Inde et fonde à Bénarès, le *Collège Central Hindou*, un établissement entièrement consacré au sanscrit et à l'hindouisme. Y poursuivent leurs études toute une génération de jeunes hommes (dont Nehru), futurs leaders dans la lutte de l'Inde contre le colonialisme britannique.

En tant que présidente de la Société Théosophique, elle défend le nationalisme indien et la politique d'indépendance du pays. Elle est élue au Congrès National Indien, une première en Inde pour une citoyenne britannique.

En 1916, à l'âge de 70 ans, on l'emprisonne sur l'ordre de Lord Pentland alors gouverneur de Madras, dans la ville de Ootacamund, suite à son implication politique. Elle fut relâchée trois mois plus tard, les autorités ayant cédé devant l'ampleur du mouvement qui se créa alors en sa faveur.

En Inde, Annie Besant s'identifie totalement aux coutumes du pays. Elle a une grande admiration pour la culture indienne, con-trairement à ses compatriotes qui voient plutôt les indiens comme un *peuple de coolis*, des presque barbares. Dans un sari blanc, elle s'enroule et marche le plus souvent pieds nus. Dans sa maison d'Adyar, près de Madras, assise par terre à l'indienne, elle mange dans de grandes feuilles de bananes, avec ses doigts, du curry, du riz et des chapatis. Là encore, ses faits et gestes suscitent la controverse parmi la société britannique, choquée de voir cette femme occidentale adopter les coutumes du pays et militer pour l'indépendance.

À l'âge de 86 ans, elle s'éteint dans son pays d'adoption.

LÉON TOLSTOÏ

« Un homme peut vivre en santé sans devoir tuer des animaux pour de la nourriture. Donc, s'il mange de la viande, il participe à enlever la vie à un animal pour la seule satisfaction de son appétit. Et agir ainsi est immoral. » (Léon Tolstoï)

Léon Tolstoï est cet auteur prolifique qui dans ses livres – *Guerre et Paix*, *Anna Karenine*, *Résurrection* – excelle à dépeindre les moeurs et l'âme russes. Idéaliste et mystique, il cherchait à retrouver la charité du christianisme primitif.

Gandhi étudia tous les livres de Tolstoï et *Le Royaume de Dieu est en vous* est celui qui l'influença le plus, par son « indépendance de pensée, sa profondeur des vues morales et son souci de vérité. » *Le résumé des Évangiles* et *Ce qu'il faut faire* l'impressionnèrent profondément : « Je me rendais, au fur et à mesure, de plus en plus compte des possibilités de l'amour universel. » En 1909, Gandhi entre en correspondance avec Tolstoï.

Léon Nikolayevitch Tolstoï est né le 9 septembre 1828 à Iasnaia Poliana, dans une des plus vieilles familles russes. Quatrième d'une famille de cinq enfants, il hérite à la mort de son père, d'une fortune considérable lui permettant de vivre financièrement indépendant. Il reçoit du même coup le titre de comte et plus de 4000 acres de terres habitées par 330 serfs, qui sont presque des esclaves.

Sa folle jeunesse se passe à chasser, à jouer à l'argent, dans les bordels et les saouleries. Un fils illégitime voit le jour, venant de la femme d'un serf complaisant. Mais il est aussi habité par une conscience sociale et torturé par des valeurs morales. Dans tous ses écrits, on retrouve cette recherche d'une éthique plus juste envers ses serfs.

Dans la cinquantaine, il abandonne peu à peu les riches mets aristocratiques à base de viande. En octobre 1875, le philosophe américain William Frey est invité à passer trois jours dans le domaine de Tolstoï. Quelle ne fut pas sa surprise de constater que Frey est végétarien. Il lui demande alors forces explications sur sa démarche alimentaire et, à la fin de leur conversation, Tolstoï l'embrasse en lui disant : « Merci, merci pour vos mots si intelligents et honnêtes. Je suivrai certainement votre exemple et abandonnerai la chair animale. » Feinermann, un de ses disciples, présent durant l'échange, note dans son journal : « Et c'est vraiment à partir de ce moment que Léon Nikolayevitch ne mangea plus rien qui fut abattu... »

Dans la dernière partie de sa vie, Tolstoï renonce au théâtre, aux sorties et devient un genre d'ascète. Sa conversion au végétarisme et son existence recluse parmi ses disciples ne plaisent guère à sa femme Sonya Andréievna-Tolstoï (1844-1919). Fille d'un riche médecin de l'aristocratie, Sonya était plus ambitieuse et ne percevait pas son riche milieu d'une façon aussi négative que son mari. Ce dernier voyait plutôt les aristocrates comme des carnivores immoraux, des parasites vivant aux dépens du travail de la classe ouvrière.

Sonya n'adhéra jamais au végétarisme et se plaignit souvent d'avoir à préparer deux genres de repas : un avec viande pour elle-même, ses amis et ses 13 enfants (dont 5 moururent en bas âge), et un autre, végétarien, pour Tolstoï et ses disciples.

Tolstoï affectionnait particulièrement un dîner composé d'œufs bouillis, de tomates crues et de macaroni au fromage. Une soupe nommée « printannière », à base de carottes, de fèves vertes, de pois et de navets fut au menu à tous les jours pendant près de 25 ans. Exaspération de Sonya : « Et je dois encore inscrire au menu : soupe printannière. Oh, je la déteste ! Je ne veux plus jamais entendre soupe printannière, je veux entendre une fugue ou une symphonie. »

Au sommet de sa popularité en tant qu'écrivain, Tolstoï transféra ses titres de propriétés à sa femme et à ses enfants, travaillant aux champs le jour, avec ses serfs et écrivant la nuit. L'argent provenant de ses livres servit à des causes humanitaires telles que l'édification à travers la Russie de cuisines ne servant que de la nourriture végétarienne. Il aida aussi à relocaliser au Canada une secte religieuse, les Dukhobors, dont les membres furent persécutés par le Tsar après avoir mis en pratique les principes de Tostoï sur le végétarisme pacifique, ce qui les empêchait de servir dans l'armée. Cent ans plus tard, des milliers de Dukhobors vivent encore en Alberta et en Colombie-Britannique. Adhérant toujours à la non-violence, ils ne font jamais partie de l'armée et sont majoritairement végétariens.

Tolstoï jouit d'une bonne santé physique jusque tard dans

sa vie. Il jouait au tennis, faisait de la natation et un visiteur fut stupéfait de voir Tolstoï à soixante-six ans exécuter des exercices vigoureux de gymnastique. Jusqu'à sa mort en 1910, il s'adonna à ce sport nouvellement en vogue, la bicyclette.

ISAAC BASHEVIS SINGER

« Être végétarien de nos jours, c'est vivre en désaccord avec le cours des choses. La privation, la faim dans le monde, la cruauté, le gaspillage, les guerres – il faut se prononcer contre tout cela. Le végétarisme est ma façon de me prononcer. Et c'en est une puissante. » (Isaac Bashevis Singer)

Titulaire d'un prix Nobel, Isaac Bashevis Singer est né le 14 juillet 1904 à Radzymin, en Pologne. Dès son enfance, il voulut devenir végétarien mais son père, un rabbin orthodoxe, s'y opposa. Il adoptera le végétarisme quelque 50 ans plus tard, toutefois son alimentation fut intercalée de nombreux intermèdes végétariens. Singer est presque devenu végétarien en 1924, alors qu'il travaillait pour un journal polonais dont le directeur, Melech Ravich, était végétarien. Cet homme le fortifia dans sa démarche vers le végétarisme. Mais c'est la mort de son oiseau Matzi, en 1962, qu'il trouva sans vie sur le plancher de son appartement, qui le poussa à devenir complètement végétarien. Soudain, il comprit que les animaux tués pour être mangés ressemblaient à ce cadavre d'animal mort : « Plusieurs philosophes et leaders religieux ont tenté de convaincre leurs disciples que les animaux n'étaient rien de plus que des machines dénuées d'âme et de sentiment. Cependant, quiconque a déjà vécu avec un animal sait que cette théorie est un mensonge éhonté qui n'a pour but que de justifier la cruauté. »

Quand il était en visite chez des amis, Singer mangeait de la viande à l'occasion, mais, à la suite de cet incident, il refusa d'être complice des tueries animales et sa femme Alma – qui n'était pas végétarienne – dut lui préparer séparément son repas sans viande.

Malgré son végétarisme tardif, Singer a toujours dans ses écrits dénoncé l'usage de la viande. Dès 1935, dans son livre *Satan in Goray*, ses idées sur le végétarisme apparaissent. Le personnage central du livre *Rachele* est la fille d'un boucher qui devient possédée par Satan à la fin de l'histoire. Pour Singer, manger de la viande est donc relié au mal, et dans ses mémoires, *A little boy in search of God*, il n'hésite pas à affirmer que : « À ce moment-là, le monde était un grand abattoir, un énorme enfer. » Nous sommes à la fin des années 30 et l'Europe commence à resssembler à tout ce qu'il décrit dans ses livres. Les techniques de tueries sélectives d'animaux s'appliquent alors aux humains et Singer fait l'analogie entre les massacres d'animaux et l'anéantissement, en Allemagne et en Pologne, des Juifs ou autres minorités, par les Nazis. Sa propre mère Bathsheba et son plus jeune frère Moïshe périrent après que les Russes les eurent transportés dans un train destiné au bétail, vers un camp de travail forcé. La fiction rejoint la triste réalité d'animaux et d'humains reliés par un même destin tragique.

Dans les années 30, par peur du fascisme grandissant en Europe, Singer rejoint son frère à New-York. Plusieurs années plus tard, il devient célèbre et riche. Lorsqu'on lui demande, dans les chics réceptions: « Êtes-vous végétarien pour des raisons de santé? », il répond qu'il l'est plutôt, non pas pour sa propre santé, mais pour celle des animaux: « Je veux que le poulet soit en santé! »

Jusqu'à sa mort en 1991, Singer continua son œuvre. Il avouait candidement qu'un de ses repas favoris se composait de Kasha (céréales à base de sarrazin) et de pommes de terre, légume qu'il affectionnait par dessus tout. Il affirmait sans ambage qu'il était végétarien avant tout pour des raisons éthiques:

> « Je pense que tout ce qui a trait au végétarisme est de la plus haute importance, car il n'y aura jamais de paix dans ce monde aussi longtemps que nous mangerons des animaux. Ceci s'applique également aux poissons. Je ne mange aucun poisson. Je suis devenu végétarien parce que durant toute ma vie je me suis senti coupable et honteux d'avoir mangé de la chair animale. J'ai le sentiment que les animaux sont tout autant les créatures de Dieu que nous. Et nous devons les respecter, les aimer, non pas les massacrer. »

MARGUERITE YOURCENAR

Cette femme de lettres est née à Bruxelles en 1903. Elle est l'auteure de poèmes, d'essais, de pièces de théâtre, de romans historiques (*Mémoire d'Adrien*, *L'Œuvre au Noir*) ou biographiques (*Souvenirs Pieux*). Elle fut la première femme à être admise à l'Académie Française en 1980.

Certains considèrent Marguerite Yourcenar comme une mystique en particulier à cause de ses réflexions sur la Grèce et ses Dieux ou sur le tantrisme. Plus généralement, durant toute sa vie elle défendra le respect de la vie sous toutes ses formes. Chaque animal – de la fourmi à l'éléphant – mérite le respect car il manifeste, à sa façon, le principe de vie.

Fortement marquée par le bouddhisme, elle récita souvent au cours de son existence les *quatre vœux bouddhiques*, le quatrième étant : « Si nombreuses que soient les créatures errantes dans l'étendue des trois mondes, c'est-à-dire dans l'univers, il faut travailler à les sauver. »

La vie est donc partout et elle mérite protection et compassion. Déjà dans son enfance, elle ressent la nécessité de ces grands prin-cipes : « Vers l'âge de dix ans, j'appris à manger de la viande pour faire comme tout le monde, continuant seulement à rejeter le cadavre de toute bête sauvage ou de toute créature ailée. Puis, de guerre lasse, j'acceptai la volaille et le poisson. Quarante ans plus tard, révoltée par le carnage des bêtes, je repris le chemin suivi dans l'enfance. »

Elle s'applique à mettre en pratique cette préservation des animaux et de la Nature :

> « En ce qui me concerne, je suis végétarienne à quatre-vingt-quinze pour cent. L'exception principale serait le poisson, que je mange peut-être deux fois par semaine pour varier un peu mon régime et en n'ignorant pas, d'ailleurs, que dans la mer telle que nous l'avons faite, le poisson est lui aussi contaminé. Mais je n'oublie surtout pas l'agonie du poisson tiré par la ligne ou tressautant sur le pont d'une barque. Tout comme Zénon, il me déplaît de digérer des agonies. En tout cas, le moins de volaille possible, et presque uniquement les jours où l'on offre un repas à quel-

qu'un ; pas de veau, pas d'agneau, pas de porc, sauf en de rares occasions un sandwich au jambon mangé au bord d'une route ; et naturellement, pas de gibier, ni de bœuf bien entendu. »

Même si elle n'est pas complètement végétarienne, Marguerite Yourcenar commente ainsi les étalages de viande :

« On en vient à se dire que nos étals de boucherie, où pendent à des crocs des quartiers de bêtes qui ont à peine fini de saigner, si atroces pour qui n'en a pas l'habitude que certains de mes amis étrangers changent de trottoir, à Paris, en les apercevant de loin, sont peut-être une bonne chose, en tant que témoignages visibles de la violence faite à l'animal par l'homme. »

En fervente écologiste, elle dénonce la rupture de l'équilibre de la Nature par : « le prédateur-roi, le bûcheron des bêtes et l'assassin des arbres, le trappeur ajustant ses rêts où s'étranglent les oiseaux et ses pieux sur lesquels s'empalent les bêtes à fourrure. » Ces pauvres animaux massacrés dans la cruauté l'ont fait s'insurger contre le luxe abject des manteaux de fourrure : « Enfin, enlevons à ces dames (des mannequins de haute couture) leur dernier chiffon d'excuse. De nos jours, et même si elles vivent non au Groënland mais à Paris, elles n'ont pas besoin de ces peaux pour se réchauffer la peau. Assez de bonne laine, de bonne fibre, de vêtements conservant ou irradiant la chaleur existent pour qu'elles ne soient obligées de se transformer en bêtes à fourrure, comme c'était sans doute le cas pour les rombières de la préhistoire. »

Cette violence faite aux animaux par l'industrie de la fourrure ou de la viande trouve son écho dans les pratiques barbares de la vivi-section : « Durant ce dernier siècle, des milliards d'animaux ont été sacrifiés à la science devenue déesse, et de déesse, idole sanguinaire, comme il arrive presque fatalement aux dieux. Lentement étranglés, étouffés, aveuglés, brûlés, ouverts vivants, leur mort fait paraître innocent le sacrificateur antique. »

Marguerite Yourcenar suggère des possibilités d'action pour mener à bien cette prise de conscience face à notre solidarité avec le monde animal, soit : « par des dons d'argent, les plus larges possibles, par des lettres et des télégrammes envoyés aux groupes responsables, par la parole quand l'occasion s'en présente, c'est-à-dire quand les gens veulent entendre. »

Dans les années 40, Marguerite Yourcenar se retira à l'île des Monts Déserts (Maine) et habita une maison qu'elle baptisa « Petite Plaisance ». Elle y avait pour seule compagnie celle de son amie, la traductrice américaine Grace Fricks qui mourut en 1979.

Au printemps 1987, un dernier long voyage conduisit la romancière au Maroc puis à Paris. Elle projetait pour l'hiver un long séjour en Inde lorsque survint la mort.

HITLER ÉTAIT-IL VÉGÉTARIEN ?

Que Hitler mange de la viande ou soit végétarien est peut-être hors de propos. Certainement, personne ne citerait Hitler en exemple comme ayant été un non-fumeur afin de discréditer les fumeurs, mais son supposé végétarisme est faux. Le fait est que Hitler n'était pas seulement carnivore mais également l'ennemi des végétariens; il interdisait toute organisation qui prônait le végétarisme en Allemagne ainsi que dans les pays occupés – et ce, à une période où une alimentation végétarienne aurait pu être une solution au manque de nourriture ! Si vous vous rappelez bien, le raisonnement de Hitler était d'acquérir plus de terre pour la production de la viande – *Lebensraum*.

Robert Payne, dans sa biographie *La vie et la mort d'Adolf Hitler,* dit qu'il était particulièrement friand des saucissons bavarois. Il mangeait du jambon, différentes viandes froides et du gibier. Un autre biographe dit qu'il mangeait du foie et que, de temps en temps, il suivait une diète végétarienne à cause de flatulences et d'une sudation excessive. Hitler souffrait également de dents cariées et d'un durcissement des artères qui sont des maux souvent rencontrés chez les mangeurs de viande. Il prenait des doses massives de différentes drogues et des injections de testicules de bœuf pulvérisés. Dites-moi, cela sonne-t-il assez *végétarien* à votre goût? Peut-être bien que Genghis Khan et Attila ne mangeaient pas de viande occasionnellement. Étaient-ils pour autant des végétariens? Plusieurs personnes cessent momentanément de manger de la viande, histoire de se remettre en forme, puis, ils retournent ensuite à leur consommation habituelle de viande.

Une autre raison de la croyance au mythe que Hitler était végé-tarien provient de la propagande faite par son ministre Goebbels. Tout comme son maître, il croyait que plus un mensonge était énorme, plus les gens le croiraient facilement. Pour rendre Hitler attrayant au peuple allemand, il le faisait passer pour un ascète, une sorte de Gandhi. Parmi les nombreuses supposées vertus de Hitler, il y avait donc le végétarisme, et alors que plusieurs de ces mensonges furent discrédités par la suite, il semble que celui-là subsiste encore.

La vie de Hitler fut scrutée à la loupe et rien n'indique qu'il fut jamais végétarien. Aucune des armées allemandes dans lesquelles il fit son service, aucune des maisons viennoises dans lesquelles il vécut ensuite, ni la prison de Landsberg où il fut incarcéré, aucun de ces endroits ne servit jamais de nourriture végétarienne. Plus tard, lorsqu'il prit le pouvoir, il vécut une vie de luxe où il se la coulait douce. Même à la fin de son règne, alors que plusieurs de ses hommes souffraient de la faim, lui, vivait dans un *bunker* souterrain qui contenait de bonnes réserves de viande, selon des témoins.

Est-il vraiment nécessaire de se documenter pour prouver que Hitler n'était pas végétarien ? Comment une personne peut-elle être végétarienne et ordonner de pendre des gens comme des carcasses de viande. N'est-ce pas lui qui a dit à la jeunesse allemande : « Ce n'est pas avec des principes d'humanité que l'homme vit, mais par la force brutale... fermez vos yeux à la pitié... agissez brutalement. » Une per-sonne qui prêche ainsi pour la brutalité est tout à fait l'antithèse d'un végétarien. (Source : Peter Burwash)

DES PEUPLES VÉGÉTARIENS

« Aussi longtemps que l'humanité crucifiera l'animalité, elle sera crucifiée. Aussi longtemps que subsisteront la chasse, les abattoirs et la vivisection, subsisteront la guerre, les camps de concentration et la torture. » (Jean Prieur)

LES HUNZAS

La longévité et la santé remarquables des Hunzas est de notoriété. Ce peuple vit au nord de l'Inde et du Pakistan. En 1964, le Dr Paul Dudley White, cardiologue renommé, visita cette petite communauté et en étudia les habitants. Leur alimentation, remarqua-t-il, est spartiate ; elle consiste presque uniquement de fruits, noix, légumes et céréales (orge, blé, millet), et d'un peu de lait de chèvre.

Le Dr White et son associé, le Dr Edward G. Toomey, étudièrent 25 hommes Hunzas qu'on disait être âgés de 90 à 110 ans. Même à cet âge avancé, ils trouvèrent « une pression sanguine normale, un taux normal de cholestérol et des électrocardiogrammes également normaux. »

LES OKINAWANS

Durant la Deuxième Guerre Mondiale, une autopsie pratiquée sur des Okinawans montra les mêmes résultats. L'alimentation de ces indigènes consiste principalement en végétaux. La faible incidence de maladies et la longévité naturelle ainsi que la fertilité de ces gens menèrent les chercheurs à conclure que l'alimentation de ce peuple, ne contenant presque pas de viande, était excellente.

LES INDIENS OTOMIS

La manière de manger des Indiens Otomis des hauts plateaux du Mexique Central a aussi prouvé qu'elle était très sensée. Elle consiste principalement en *tortillas* (petit pain de maïs plat et mince), fèves, piments et d'autres aliments locaux propres à chaque localité. Une étude clinique démontra que ces gens étaient dans un état de santé peu ordinaire; aucun ne souffrait d'un excès de poids, et la pression sanguine élevée y était très rare.

DANEMARK ET NORVÈGE

Durant la Deuxième Guerre Mondiale, les Danois furent forcés de vivre en mangeant presque uniquement des céréales, des légumes, des fruits et des produits laitiers. Durant la première année de rationnement, le taux de mortalité national descendit à 17 %. Lorsque les gens de la Norvège devinrent eux aussi végétariens à cause de la guerre, il y eut une chute immédiate de décès dûs aux maladies cardio-vasculaires. Lorsque les gens de la Norvège et du Danemark recommencèrent à manger de la viande après la guerre, le taux de décès et de maladies cardiaques regrimpa immédiatement au taux d'avant la guerre.

LES SHERPAS

Les Sherpas, ce peuple qui habite les terres élevées des Himalayas, guident les expéditions vers le sommet de l'Everest. Ils démontrent une force et une endurance fabuleuses. Dans son autobiographie, *Tigres des Neiges*, Tenzing Norgay, le fameux Sherpa qui accompagna Sir Edmund Hillary, le premier à gravir le sommet le plus élevé de la terre, raconte à propos de leur alimentation : « Les pommes de terre constituent notre alimentation principale, tout comme le riz est l'aliment des Chinois. »

Les pommes de terre et l'orge poussent jusqu'à 14 000 pieds d'altitude et le blé jusqu'à 10 000 pieds. De leurs troupeaux de moutons, de chèvres et de yaks, ces gens obtiennent le lait et le fromage avec lesquels ils agrémentent leurs pommes de terre et leurs céréales. La viande est rarement mangée et les bouddhistes, plus stricts, n'en consomment absolument pas.

ÉQUATEUR

Récemment, un groupe de docteurs et de scientifiques de Harvard allèrent dans un village reculé de 400 habitants dans les montagnes de l'Équateur. Ils furent stupéfaits de découvrir à quel âge avancé ces gens vivaient. Un des hommes était âgé de 121 ans et plusieurs autres avaient plus de 100 ans. Un examen approfondi fut fait sur des hommes de 75 ans et plus. Seulement deux individus parmi eux montrèrent des signes de maladie cardiaque! Ces villageois étaient végétariens. Les docteurs qualifièrent ces découvertes d'*extraordinaires* et dirent qu'un tel examen aux États-Unis aurait révélé 95 % de maladies cardio-vasculaires.

CANADA

Selon un sondage fait en 1992 par le Centre d'Information sur le Boeuf (!), 6 % des familles canadiennes comptent au moins un végétarien.

ÉTATS–UNIS

Statistiquement parlant, les végétariens des États-Unis sont plus minces et plus en santé que les carnivores. En moyenne les végétariens pèsent environ 10 kilos de moins que les mangeurs de viande. L'*American National Institute of Health*, dans une étude récente sur 50 000 végétariens, a démontré que les végétariens vivent plus longtemps, ont une plus basse incidence de maladies cardiaques et ont un taux très bas de cancer si on les compare aux autres Américains, mangeurs de viande. On estime qu'il y a près de 12,4 millions de végétariens aux États-Unis.

GRANDE-BRETAGNE

En Grande-Bretagne, les 2,5 millions de végétariens paient moins cher pour leur assurance-vie, car selon les statistiques, ils risquent moins de développer des maladies cardiaques. Les restaurants végétariens paient aussi moins cher leurs assurances car ils se trouvent exemptés des risques d'empoisonnement que la viande comporte.

BULGARIE

Dans les années 70, la Bulgarie établissait à 158 le nombre de ses centenaires (un record européen) sur une population de 4 millions d'habitants; sur ce nombre, 140 des centenaires n'avaient jamais mangé de viande.

DES PEUPLES NON VÉGÉTARIENS...

Les **Inuits**, qui se nourrissent principalement de viande, vieillissent rapidement et ont une espérance de vie très courte. Ils développent l'ostéoporose à la fin de la trentaine.

Les **Kurgis**, tribu nomade de la Russie de l'Est, vivent eux aussi surtout de viande et vieillissent également rapidement. Ils meurent prématurément et dépassent rarement la quarantaine.

On constate le même phénomène chez les **Lapons** et les **Groënlandais**.

LE VÉGÉTARISME PARCE QUE...

« De plus en plus de voix s'élèvent dans le monde pour défendre les animaux et leur prêter la parole afin qu'ils cessent de n'être que... et deviennent eux, tout simplement. On accuse les anti de crier bien haut sans proposer de solutions. Ils en proposent de multiples, au contraire. Mais la non-violence n'est-elle pas déjà la solution ? » (Marcel Duquette)

Les citations suivantes proviennent de personnes connues et inconnues qui expriment les raisons pour lesquelles elles ont adopté une alimentation végétarienne.

Dick Gregory :

« La philosophie de la non-violence, je l'ai d'abord apprise avec le Dr Martin Luther King Jr alors que je travaillais pour le mouvement des droits civils, et c'est cette philosophie qui est responsable du changement de mon alimentation... Sous la direction du Dr King, je devins totalement impliqué dans la non-violence, et j'étais convaincu du fait que la non-violence implique le refus de tuer de quelque façon que ce soit. J'ai ressenti que le commandement : Tu ne tueras point, ne s'appliquait pas seulement aux humains dans leurs relations d'homme à homme – la guerre, les assassinats, le lynchage, etc. – mais également dans la pratique de tuer des animaux pour la nourriture ou en tant que sport. Les animaux souffrent et meurent aussi bien que nous. La violence cause la même douleur... c'est la même prise arrogante, cruelle et brutale de la vie. »

John Robbins :

« Il fut un temps de ma vie où je réalisai que ce que je mangeais pouvait influencer ma conscience, ma santé et même comment je me voyais moi-même et comment je voyais le monde autour de moi. Ce fut une joie d'apprendre que ce qui était bon pour ma santé l'était également pour l'environnement et empêchait d'autres créatures de souffrir. Cela me confirmait que l'on peut avoir confiance en la nature et qu'il nous faut apprendre à vivre en paix et en harmonie avec les autres communautés qui vivent sur Terre. »

K. D. Lang :

« J'ai grandi dans une campagne où on élevait du bétail – c'est la raison pour laquelle je suis devenu végétarienne. La viande est nocive pour les animaux, l'environnement et pour votre santé. »

Dizzy Gillespie (le trompettiste avait cessé de manger de la viande, vers la fin des années 70, en raison de problèmes de santé) :

« Mes intestins m'ont écrit une lettre; ils m'ont ensuite envoyé une note officielle de remerciement. »

Alice Walker :

« Je sais en mon âme et conscience que, de manger une créature qui a été élevée pour être mangée et qui n'a jamais eu la plus petite chance de vivre réellement sa vie, est malsain. C'est comme manger la misère, manger l'amertume de toute une vie. »

Peter Singer :

« Le changement crucial survint lorsque je fis connaissance à Oxford avec des étudiants végétariens qui graduaient comme moi. Ils m'ont défié à justifier, en ce qui a trait à des théories d'éthique, une alimentation basée sur des créatures sensibles comme les porcs, les poules et les veaux et sur le fait qu'ils ne sont que des choses pour nous qui les confinons à des cages et des stalles, à l'intérieur de hangars sombres, dans des fermes d'élevage modernes... J'ai appris par eux que le commerce agricole avait transformé la production animale en un système qui reconnaît la souffrance animale seulement lorsque celle-ci n'empêche pas le profit. Après un mois de débats et de lectures sur le sujet, je dus reconnaître que je ne pouvais pas me justifier. À moins de changer mon alimentation, mon hypocrisie me hanterait à chaque repas. »

Johanne Beaudoin :

« Le premier changement spontané et radical qui s'affirma chez moi fut de cesser de manger des animaux. Fini le cannibalisme ! Nous avions aménagé une mangeoire pour les oiseaux. Regarder les mésanges, les tourterelles s'y nourrir, les écouter chanter, me ravissait et m'apportait des moments de quiétude bénéfique. Je me disais que je n'aurais mangé mes tourterelles sous aucun prétexte. Quelle était donc la différence entre une tourterelle et une poule de basse-cour ? J'en venais à ne plus faire de différence entre mon chat et l'agneau, qui l'un et l'autre avaient autant le droit de vivre que moi. »

Suzanne Tremblay :

« Le déclic ultime se produisit alors que nous dînions et fêtions le printemps avec des amis et un poulet sur la table.

Étrangement, l'animal n'a pas voulu que je le mange. Je fus incapable de l'ingurgiter et, à partir de ce moment, j'ai vraiment « ressenti » que je ne devais pas tuer les animaux pour leur viande, que ce n'était pas nécessaire pour moi. C'est vraiment au plus profond de moi que j'ai éprouvé le droit de vie pour les animaux. »

Philip Kapleau :

« Lors d'un séjour au Japon, ce fut pour moi un cas de conscience que d'essayer de concilier ensemble le premier vœu bouddhique qui consiste à renoncer à ôter la vie avec ma complicité évidente à la boucherie d'innocentes créatures dont je consommais la chair. Je prétendais aimer les animaux alors qu'en même temps je les mangeais régulièrement. Cette bataille en moi, et je le réalise maintenant, m'occasionnait de terribles maux de tête et d'estomac. J'ai donc arrêté de manger de la viande et, à ma grande surprise, les maux de tête et d'estomac disparurent. »

Scott Nearing (1883-1983) :

« Nous cherchons à vivre d'une manière simple, décente, douce et paisible. Nous avons donc décidé depuis longtemps de vivre en végétariens, sans tuer ni manger des animaux. Ceci en accord avec notre philosophie de faire le moins de mal possible au plus petit nombre possible et de faire le plus de bien possible au plus grand nombre possible d'êtres vivants. »

Cloris Leachman :

« Aussitôt que j'ai réalisé que je n'avais pas besoin de viande pour vivre ou pour être en santé, je me suis rendu compte comme tout cela était misérable. J'ai vu des porcs attendre pour être abattus, et leur hystérie et leur panique est quelque chose que je n'oublierai jamais de toute ma vie. »

Linda McCartney :

« J'avais fait cuire un gigot d'agneau pour le dîner. Tout en mangeant, Paul et moi admirions par la fenêtre de petits moutons qui gambadaient dans l'herbe et c'est alors que nous avons réalisé : Oh mon Dieu que nous sommes hypocrites ! C'est depuis ce jour-là, il y a de cela vingt ans, que nous sommes végétariens. »

Chrissie Hynde :

« J'ai honte de dire que cela m'aura pris 17 ans avant de devenir végétarienne. Un jour, j'ai tout simplement regardé mon assiette et j'ai soudainement réalisé que quelqu'un avait dû tuer un animal afin que je puisse manger son corps. »

Hina Hanta :

« Au fond, je suis végétarienne parce que les animaux sont mes amis et que je ne peux supporter l'idée de les manger. Mais, j'ai aussi fait ce choix il y a 11 ans parce que je suis une autochtone d'Amérique – mon père est un Choctaw et ma mère est une Cherokee. La vieille coutume autochtone en est une végétarienne ; la pratique de manger de la viande est assez récente dans l'alimentation autochtone, c'est-à-dire depuis les années 1500, lorsque les Espagnols ont introduit les chevaux dans ce grand continent. Ils ont aussi introduit l'idée de manger de la viande souvent au lieu de rarement. Je peux vous assurer qu'il faut l'essayer pour le comprendre. Je ne m'attendais pas à cette transformation spirituelle profonde, lorsque j'ai changé d'alimentation, pas plus que je ne m'attendais à redoubler d'énergie et à ressentir une réelle amélioration de mon état de santé. Mais cela s'est réellement produit. Suivre le chemin pacifique de la non-violence est comme se défaire d'une dépendance à la drogue. Vous ne pouvez croire aux transformations que cela occasionne tant que vous ne l'avez pas expérimenté par vous-même. »

L'humain est-il conçu pour manger de la viande ?

« Chez les hommes de toutes les races, on voit que les sens de l'odorat, de l'ouïe et de la vue ne le conduisent pas à supporter la vue de tels massacres. On recommande toujours d'avoir les abattoirs le plus loin des villes et l'on passe souvent des arrêtés qui interdisent strictement le transport à découvert de la viande de boucherie. Peut-on considérer donc que la viande est la nourriture naturelle de l'homme, quand à la fois ses yeux et son nez y sont si hostiles, à moins que son goût n'ait été dénaturé par les épices, le sel et le sucre ? » (Sri Yukteswar)

Le tableau d'anatomie et de physiologie comparée (ci-après) est très intéressant. Il nous confirme que l'être humain n'est pas fait pour manger de la viande. Il est plutôt un animal végétarien, conçu pour fonctionner avec des protéines végétales. Une surcharge de produits animaux entraîne un affaiblissement du système immunitaire et une usure rapide des organes comme le foie et les reins. Ce qui ouvre la porte aux maladies de la civilisation...

Les carnivores sont pourvus de longues dents acérées et pointues, de grandes canines et de griffes pour leur permettre de déchiqueter la chair de leurs proies. Chez l'humain, les incisives sont remarquablement développées, les canines réduites et les molaires ont une large surface plate pour mastiquer les aliments. La mâchoire d'un carnivore se déplace uniquement de bas en haut, afin de déchiqueter et de mordre la viande. La mâchoire de l'humain se déplace latéralement pour broyer. La salive des carnivores est acide et prévue pour la digestion des protéines animales ; elle ne contient pas de ptyaline, une enzyme qui assure la digestion des amidons. La salive de l'humain, au contraire, est alcaline et contient de la ptyaline pour digérer les amidons.

Les intestins des carnivores mesurent trois fois la longueur de leur tronc ; ils sont très courts afin que la chair soit absorbée et expulsée avant de se putréfier et de produire des toxines. Les humains possèdent des intestins douze fois la longueur de leur tronc et ils sont destinés à conserver les aliments plus longtemps afin que tous les éléments nutritifs puissent en être extraits. Il n'est pas étonnant alors de constater que la viande soit liée au cancer du colon.

Le foie d'un carnivore est capable d'éliminer dix à quinze fois plus d'acide urique que le foie d'un non-carnivore. Le foie d'un humain quant à lui, ne parvient à éliminer que de petites quantités d'acide urique, une substance produite par la viande, extrêmement toxique, pouvant perturber complètement l'organisme. Contrairement aux carnivores, l'humain ne dispose pas de l'urase, une enzyme permettant de décomposer l'acide urique. L'urine des carnivores est acide, celle de l'humain est alcaline. La langue des carnivores est rugueuse, celle des humains est lisse. Enfin, la main de l'humain est conçue pour cueillir des fruits et des légumes et non pas pour arracher les entrailles de la carcasse d'un cadavre animal.

Toutes ces observations mènent à la conclusion la plus plau-sible : l'humain, s'il respecte sa vraie nature, se doit de vivre principalement de fruits, de légumes, de noix et de céréales.

TABLEAU D'ANATOMIE ET DE PHYSIOLOGIE COMPARÉES

LE CARNIVORE	L'OMNIVORE	L'herbivore	Singes anthropoïdes	L'HOMME
Placenta zoniforme	Placenta non caduc	Placenta non caduc	Placenta discoïdal	Placenta discoïdal
4 pieds	4 pieds	4 pieds	2 mains et 2 pieds	2 mains et 2 pieds
Griffes	Sabots	Sabots fendus	Ongles plats	Ongles plats
Queue	Queue	Queue	Pas de queue	Pas de queue
Les yeux regardent devant	Les yeux regardent de côté	Les yeux regardent de côté	Les yeux regardent devant	Les yeux regardent devant
La peau n'a pas de pores	La peau n'a pas de pores	La peau a des pores (sauf chez les pachidermes comme l'éléphant)	Des millions de pores	Des millions de pores
Incisives peu développées	Incisives peu développées	Incisives grandes, canines petites	Incisives bien développées	Incisives bien développées
Molaires pointues et tranchantes en lames de ciseaux	Molaires avec pli	Molaires larges et plates	Molaires émoussées	Molaires émoussées
Formule dentaire 5 à 8.1.6.1.5 à 8	Formule dentaire 8.1.2 à 3.1.8	Formule dentaire 6.0.0.6 6.1.6.1.6	Formule dentaire 5.1.4.1.5 5.1.4.1.5	Formule dentaire 5.1.4.1.5 5.1.4.1.5
Glandes salivaires petites	Glandes salivaires bien développées	Glandes salivaires bien développées	Glandes salivaires bien développées	Glandes salivaires bien développées
Salive et urine acides	Salive et urine acides	Salive et urine acides	Salive et urine alcalines	Salive et urine devraient normalement être alcalines
Langue râpeuse	Langue lisse	Langue lisse	Langue lisse	Langue lisse
Mamelons sur l'abdomen	Mamelons sur l'abdomen	Mamelons sur l'abdomen	Glandes mammaires sur la poitrine	Glandes mammaires sur la poitrine
Estomac simple (petite poche), suc gastrique très acide	Cul-de-sac arrondi	Estomac en trois compartiments (chez le chameau et certains ruminants poche énorme)	Estomac avec duodénum (comme 2e estomac)	Estomac avec duodénum (comme 2e estomac)
Canal de 3 à 5 fois la longueur du corps, il est donc très court	Moyen, 10 fois la longueur du corps	Canal intestinal variant selon les espèces. 70 fois la longueur du corps, parfois 25	Moyen, 10 à 12 fois la longueur du corps	Moyen, 12 fois la longueur du corps
Colon lisse	Canal intestinal lisse et convoluté	Canal intestinal lisse et convoluté	Colon convoluté	Colon convoluté
Vit de chair animale	Vit de chair animale, de charogne et de plantes	Vit d'herbes et de plantes	Vit de fruits et de noix	Devrait vivre de fruits et de noix

Tiré du livre *La nourriture idéale*, Masseri, le Courrier du Livre, Coll. « Le système hygiéniste ».

VÉGÉTARISME ET ÉLÉMENTS ESSENTIELS

« Le végétarisme, de par son action purement physique sur la nature humaine, influerait de façon très bénéfique sur la destinée de l'humanité. » (Albert Einstein)

VÉGÉTARISME ET FER

De longues études montrent qu'aucune carence en fer n'apparaît chez les végétarien(nes). On a fait des tests pour vérifier le taux de fer et de zinc de 56 femmes Adventistes, toutes végétariennnes depuis 19 ans. Leur taux de fer et de zinc était tout à fait satisfaisant, bien qu'elles s'abstenaient de fer d'origine carnée, et qu'elles consommaient beaucoup de fibres, de phytates et d'oxalates. Ces derniers éléments se retrouvent dans les céréales à grains entiers et les légumes, et certains croient à tort qu'ils empêchent l'assimilation des sels minéraux. En fait, aucune carence en sels minéraux ne peut être imputée à des composants végétaux. Le thé, le café et les jaunes d'œufs pourraient davantage nuire à l'absorption du fer...

La vitamine C (chou, pomme de terre, agrumes, tomate, poivron, brocoli) augmente l'absorption du fer. Par exemple, 25 mg de vitamine C ajouté à un repas (une demi-tasse de jus d'orange équivaut à 60 mg de vitamine C) peut doubler l'absorption de fer d'une portion de millet ou d'épinards.

Il est tout à fait erroné et dépassé de croire que le fer contenu dans les végétaux s'assimile moins bien que celui de la viande. Que le fer provienne de végétaux ou de chair animale, l'organisme humain doit composer avec... Les épinards contiennent 13 fois plus de fer qu'un steak. Voici les bonnes sources de fer : les lentilles, les fèves de lima, le millet, la mélasse, les fruits séchés, les avocats, les courges, les feuilles de betteraves, la spiruline (algue). 15 g de spiruline dépassent la dose de fer recommandée, 45 % fois plus que les épinards.

Cuisiner dans des chaudrons en fonte augmente la teneur en fer des aliments, ainsi que les épices contenues dans la poudre de cari et dans certains produits fermentés à base de soja. Depuis fort longtemps, les herboristes et les sages-femmes conseillent des herbes contenant du fer ou qui en aide son assimilation : la sauge (*Salvia Officinalis*), la luzerne, le persil, l'oseille (*Rumex Crispus*). On retrouve aussi ces propriétés dans les herbes amères telles que la gentiane, la centaurée, le gingembre et l'ail.

En Amérique du Nord, on estime que plus de 20 % des femmes en âge de procréer souffrent d'une carence en fer malgré leur alimentation à base de viande, une source soi-disant riche en fer! Les jeunes enfants deviennent eux aussi parfois anémiques en raison d'hémorragies intestinales: des études révèlent que dans plus de la moitié des cas, les produits laitiers sont en cause et que lorsqu'ils sont éliminés de la diète, le taux de fer remonte. La déficience en fer est plutôt rare chez les hommes adultes en santé, à l'exception parfois des athlètes qui pratiquent des sports d'endurance ou des individus ayant des ulcères, des hémorroïdes, la colite, la diverticulose ou la néphrite. Une prise quotidienne d'aspirine, et donner plus de deux unités de sang par année, peuvent causer une déficience en fer.

À cause des menstruations, les femmes ont plus tendance à être carencées en fer; la grossesse, l'acccouchement et l'allaitement sont aussi des facteurs propices à cettte carence. L'absorption de viande épaissit l'endomètre, générant des pertes de sang plus abondantes, plus longues et donc, une perte de fer plus élevée. Par contre, comme le système hormonal des végétariennes produit moins d'oestrogène, les pertes de sang sont moins abondantes, moins longues et la perte de fer moins élevée.

70 % de notre fer se retrouve dans l'hémoglobine alors que le reste est emmagasiné dans le foie, la rate, et la moëlle osseuse. Notre système immunitaire est donc très sensible à notre taux de fer. Le fer et le gras animal sont des oxydants, ce qui amène l'organisme à produire des radicaux libres. Une série d'études récentes démontre que le fer (d'origine animale) est un facteur de risque dans les maladies cardiaques car il oxyde le cholestérol. Lorsque le cholestérol est oxydé, il est absorbé plus facilement par l'organisme via les artères. Une trop forte consommation de fer d'origine animale peut créer des maladies cardio-vasculaires, des désordres au cerveau, des infections multiples et des cancers.

Teneur en fer par portion de 100 g (en mg)	
Algues	100,0
Graines de sésame	0,5
Persil	10,0
Fèves blanches	7,8
Lentilles	6,6
Avoine	3,6
Racine de gingembre	1,8

VÉGÉTARISME ET CALCIUM

On croit à tort que le fait de consommer du calcium protège contre l'ostéoporose, une déminéralisation des os. En Amérique du Nord, les nutritionnistes conseillent de prendre un minimum de 800 mg de calcium par jour, le plus souvent sous forme de produits laitiers. Pourtant:

· les femmes japonaises consomment en moyenne 300 mg de calcium par jour et souffrent rarement d'ostéoporose;
· les femmes bantous, avec 200 à 300 mg de calcium par jour, ont le taux le plus bas d'ostéoporose au monde;
· des études effectuées sur des prisonniers péruviens démontrent que 200 à 300 mg de calcium par jour suffisent pour maintenir en équilibre leur métabolisme;
· en Amérique du Nord, on ingère en moyenne entre 841 et 1345 mg de calcium par jour. L'ostéoporose y est un problème de santé majeur...
· les Inuits, avec 1000 à 2000 mg de calcium par jour, développent l'ostéoporose très jeunes.

L'ostéoporose n'est pas due à un apport insuffisant de calcium dans l'alimentation mais, à divers facteurs qui empêchent son assimilation ou qui facilitent son rejet. Un des facteurs importants demeure la surconsommation de protéines animales. En effet, plus on mange de viande, plus grand est le rejet de calcium. Une alimentation riche en protéines animales augmente la quantité d'acide dans le corps. Les os tentent alors de se protéger en évacuant du calcium. Notre organisme devrait normalement réabsorber le calcium, mais la protéine animale inhibe aussi le fonctionnement des parathyroïdes, dont une des principales fonctions est d'ordonner cette reprise du minéral. Notre organisme élimine donc le calcium, ce qui cause une perte osseuse.

L'assimilation du calcium par notre organisme dépend de la quantité de phosphore présente dans l'alimentation. Le rapport calcium/phosphore est très important, car, plus ce rapport est déséquilibré, plus grande est la perte osseuse. On estime que le ratio calcium/phosphore doit être de 1 pour 1. Voici les aliments où le calcium est le moins assimilable, en raison de ce déséquilibre calcium/phosphore : la viande rouge (1 partie de calcium pour 30 parties de phosphore), le foie, le poulet, le porc, le fromage, l'œuf. Du phosphore non assimilable se retrouve dans les boissons gazeuses et la poudre à pâte. À cause de leur ratio calcium/ phosphore plus élevé et équilibré, le calcium des fruits et des légumes est plus facilement utilisé par l'organisme. La laitue, par exemple, ne renferme pas beaucoup de calcium, mais ce minéral est plus facilement absorbé, car son ratio calcium/phosphore est relativement élevé, soit 23 fois plus que celui du bœuf ou du porc.

Le phosphore, grâce à l'acide créantine-phosphorique, semble jouer un rôle de catalyseur actif vis-à-vis des sucres en créant des glycérophosphates : « sans phosphore, pas de pensée », disait Moleschott avec raison, car le phosphore est un élément indispensable au cerveau, tout comme la chlorophylle, un autre catalyseur de tout l'organisme, absorbé par les plantes vertes, et qui fournit une grande énergie électrique et chimique. Ce sont principalement les légumes et les fruits qui nous fournissent le phosphore organique assimilable. On rejette généralement les parties des légumes, céréales et fruits, qui en contiennent le plus : ainsi, les fanes de carottes en contiennent plus du double de la racine (le panais également), le son du froment, ainsi que la peau des fruits. Voici les principales sources végétales de phosphore : les graines, dont les plus riches sont le blé, l'orge, l'avoine, le sarrazin, les haricots, les fèves, les lentilles, les pois, etc. ; la betterave* et le panais (feuilles et bulbes) ; les fruits secs comme les noisettes, les amandes, les noix, les pistaches, et surtout les raisins secs ; enfin les fruits frais, comme la poire, l'abricot, la pêche, la pomme et la fraise. Ironiquement, les végétariens en se nourrissant comme ils le font, devraient, en plus des autres avantages, développer des facultés d'intelligence supérieure !... (*En passant, la betterave, consommée crue, posséderait des propriétés curatives à l'égard des fibromes et des kystes.)

Revenons à l'ostéoporose. La cigarette, l'alcool, le sucre blanc, la farine blanche, accélèrent la déminéralisation des os. La cortisone, les diurétiques, les laxatifs, les anti-acides, les tétracyclines (antibiotiques), les anti-convulsivants (Dilantin, Phénobarbital) réduisent l'absorption du calcium, en augmentent son rejet ou détruisent dans le foie la vitamine D, essentielle à l'assimilation de ce minéral.

Les végétariens ont des os considérablement plus en santé

que les carnivores. Voici deux exemples. Dans les années 80, une étude faite sur 2 000 femmes concluait que les femmes végétariennes (certaines depuis plus de 20 ans) avaient en moyenne une perte de densité osseuse mesurable de 18 %, alors que les femmes carnivores avaient une perte de densité mesurable de 35 %. Une autre étude publiée dans *Journal of the American Dietetic Association* (1980) affirmait que les végétariens, quand ils atteignent l'âge de 70/80 ans ont une plus grande densité osseuse que les carnivores qui sont 20 ans plus jeunes.

Voici les sources végétales de calcium : le chou, la feuille de navet, la feuille de betterave, la feuille de pissenlit, la feuille de moutarde, l'épinard, le céleri, le haricot vert, les algues, le cantaloup, la lentille, le chou-fleur, la mélasse, la graine de tournesol.

Teneur en calcium par portion de 100 g (en mg)	
Graines de sésame	1300
Feuilles de chou	429
Tofu	377
Amandes	234
Navet	260
Persil	200
Pois chiches	149
Brocoli	103
Sarrasin	90
Épinards	81
Avoine	60
Riz brun	50
Carotte	39
Maïs	20

Teneur en zinc par portion de100 g (en mg)	
Graines de tournesol	10,30
Son de blé	10,00
Beurre d'arachides	7,17
Tofu	3,96
Orge	2,04
Millet	1,07
Sarrasin	1,00

Ce qui en empêche l'assimilation: alcool, contraceptifs oraux, excès de calcium, manque de phosphore.

Teneur en magnésium par portion de 100 g (en mg)	
Algues	760
Germe de blé	490
Amandes	270
Sarrasin	220
Pois cassés	180
Orge	167
Avoine	150
Maïs	120
Lentilles	80
Dattes	63
Bananes	35

Ce qui en empêche l'assimilation: alcool, farine blanche, sucre, excès de protéines.

Teneur en phosphore par portion de100 g (en mg)	
Graines de tournesol	837
Noix du Brésil	600
Soja	580
Avoine	400
Haricots	400
Lentilles	400
Pois chiches	375
Riz brun	300
Maïs	280
Persil	84
Chou-fleur	72
Navet	58
Épinards	55

Ce qui en empêche l'assimilation: sucre, excès de fer et de magnésium.

Teneur en potassium par portion de 100 g (en mg)	
Fèves de Lima	1529
Bananes sèches	1477
Fèves blanches	1196
Abricots secs	979

Ce qui en empêche l'assimilation: l'alcool, la caféine, la cortisone, le stress, excès de sel.

Teneur en iode par portion de 100 g (en mcg)	
Algues	150 000,000
Courges	0,062

VÉGÉTARISME ET VITAMINE D

La vitamine D est reliée au métabolisme du phosphore et elle est un régulateur de l'absorption du calcium au niveau de l'intestin. Une carence en vitamine D peut mener au rachitisme chez les enfants. C'est notre organisme qui fabrique lui-même cette vitamine à partir du cholestérol, mais pour ce faire, il a besoin de la lumière solaire. On estime qu'il faut prendre tous les jours un minimum de soleil, afin de produire notre vitamine D. Le foie peut en mettre en réserve pour quatre mois.

On croit généralement que le lait est une bonne source de vitamine D. Pourtant le lait n'en contient pas. On l'ajoute sous forme de vitamine synthétique D_3, prélevée dans le cholestérol animal. Cette addition est obligatoire au Canada depuis plusieurs années. La vitamine A, qui doit aussi être ajoutée, mais seulement dans le lait modifié (lait écrémé, 2 %), provient du poisson, en général de l'huile de foie de morue. Notons que l'addition de vitamines D_3 et A ne s'applique pas au beurre, au yaourt et au fromage.

Trop de vitamine D synthétique peut être dommageable; le Nord-Américain consomme 6 à 7 fois la dose recommandée, ce qui est très nocif pour les artères, le système circulatoire et les os.

La vitamine D, en plus de provenir du soleil, se retrouve dans la luzerne, le germe de blé, les fruits de l'églantier, la papaye et dans l'huile de maïs (1 c. à table = 1,86 microgramme)

VÉGÉTARISME ET VITAMINE B12

La B_{12} (cobalamine) n'est pas vraiment une vitamine. C'est une substance produite par des micro-organismes tels que les bactéries ou les algues. La vitamine B_{12} dont nous avons besoin est presque essen-tiellement produite par notre organisme. Notre estomac secrète une substance nommée « facteur intrinsèque » qui transporte la vitamine B_{12} produite par la flore bactérienne des intestins. Les bactéries présentes dans notre salive produisent environ 0,025 microgrammes de B_{12} par jour. Un milligramme de B_{12} est suffisant pour vivre pendant deux ans et pour constater un épuisement total, il faut plusieurs années, entre 5 et 15 ans.

Le plus souvent, les carences en B_{12} ne proviennent pas d'un manque dans l'alimentation, mais d'une incapacité de bien l'assimiler. Pour en maintenir un niveau acceptable, il faut avoir un pancréas, un estomac, des intestins et un foie en santé.

Plusieurs facteurs inhibent l'absorption de la B_{12} : la cigarette, l'alcool, les antibiotiques, de larges doses de vitamine C synthétique, certains médicaments prescrits pour l'hypertension, la goutte, la maladie de Parkinson, un taux trop élevé de cholestérol, ainsi que des interventions chirurgicales au petit intestin ou à l'estomac.

Les carnivores risquent davantage que les végétariens de connaître une carence en B_{12} puisque la lenteur de la digestion de la viande diminue ou empêche la sécrétion du « facteur intrinsèque » dans l'estomac et perturbe la production de cette « vitamine ».

Les personnes âgées sont aussi exposées à une déficience en B_{12}.

Un manque de B_{12} provoque une anémie sévère, de la pâleur, de la fatigue, des vertiges, une atteinte du système nerveux central, des troubles digestifs et de l'anorexie.

Certains scientifiques suggèrent qu'un adulte a besoin de 0,1 microgramme (un microgramme = un millionième de gramme) de B_{12} par jour. Cependant, cette recommandation s'adresse à des individus ayant une alimentation carnivore, contenant des doses excessives de gras, de protéines animales, d'aliments raffinés et dénaturés, éléments qui augmentent les besoins en B_{12}. Les personnes dont l'alimentation ne comporte que très peu ou pas d'aliments d'origine animale ont des besoins réels plus infimes : 0,05 microgramme de B_{12} par jour.

Des sources de B_{12} : la levure de bière, la spiruline, le pollen, la banane, l'eau minérale et de pluie, le ginseng, la datte, le persil, le champignon, l'arachide, le raisin, la prune, le cresson, la fève soja, la graine de tournesol. 28 g de racine de poireau, de betterave ou d'autres légumes donne 0,1 ou 0,3 microgramme de B_{12}, ce qui dépasse les besoins quotidiens.

Au quatrième jour de leur germination, 100 g de lentilles donnent 237 microgrammes de B_{12}, 100 g de pois : 235.

Chaque molécule de B_{12} contient une molécule de cobalt. L'alimentation doit donc inclure une source de cobalt afin que la flore intestinate synthétise bien cette « vitamine ». Les algues sont très riches en cobalt, donc en B_{12}.

Notre époque moderne, presque maladivement « propre » (ou aseptisée), produit des aliments contenant moins de B_{12}. Si nous avons accès à des légumes de culture biologique, le fait de ne pas trop les laver nous permet d'en retirer plus de B_{12}.

VÉGÉTARISME ET PROTÉINES

Parfois, on peut croire que dans notre civilisation nord-américaine, il existe des sectes « d'adorateurs de la protéine », dont les gourous sont les producteurs de viande, d'œufs et de produits laitiers. Leur propagande, qui dicte les lois nutritionnelles, a convaincu certains membres de l'élite que les protéines animales étaient vitales, complètes, meilleures et plus assimilables que les protéines végétales.

Heureusement, ce mythe tend peu à peu à s'estomper pour laisser place à une vérité que les végétariens savent depuis fort longtemps : une alimentation sans viande, à base de protéines végétales est un gage de santé.

La plupart des études scientifiques sur les protéines furent effectuées sur des animaux de laboratoire, en particulier sur des rats. Pratique douteuse, quand on sait que les rats ont des besoins en protéines radicalement différents de ceux des humains. Cela n'a pas empêché les chercheurs de tirer des hypothèses de travail et des conclusions complètement erronées sur les acides aminés et sur la complémentarité des protéines animales avec les protéines végétales.

Éléments de base de toute cellule vivante, les protéines bâtissent l'organisme et veillent à la croissance et au remplacement des tissus. 18 % de notre poids est dû aux protéines. Notre métabolisme dépend des protéines pour assurer diverses fonctions vitales, dont la formation des anticorps qui combattent les infections. Les carences en protéines sont très rares dans nos contrées. Les Nord-Américains consomment trop de protéines par rapport à leurs besoins réels, ce qui entraîne des maladies de foie, de reins, l'obésité et l'ostéoporose. Une alimentation à base de beaucoup de protéines animales diminue la densité osseuse, d'où l'ostéoporose. Car, plus on consomme de protéines animales, plus on perd son calcium. Une surconsommation peut aussi causer une carence en fer, puisque trop de protéines entrave son assimilation.

De récentes études confirment que la complémentarité des protéines n'est pas primordiale puisque les protéines végétales se suffisent à elles-mêmes. L'Institut Max Plank, en Allemagne, trouva des protéines végétales complètes, à savoir, possédant les huit principaux acides aminés, dans les amandes, les graines de sésame, de citrouille, de tournesol ainsi que dans le soja, le sarrazin, les arachides, les pommes de terre, tous les légumes à feuilles et dans la plupart des fruits. Les fruits fournissent approximativement le même pourcentage de protéines que le lait maternel.

Selon Frances Moore Lappé, auteure de *Sans viande et sans regret* : « Avec un régime sain et équilibré, la complémentarité des protéines n'est pas nécessaire pour la plupart d'entre nous. »

Le Dr K. Eimer détermina que les performances des athlètes s'amélioraient lorsqu'ils remplaçaient leur 100 grammes de protéines animales par 50 grammes de protéines végétales.

Soulignons que des soviétiques ont obtenu des résultats intéressants en traitant la schizophrénie par le jeûne et une alimentation pauvre en protéines animales.

Un apport quotidien maximum de 25 à 30 grammes de protéines de qualité suffit pour rester en bonne santé.

Le tofu contient 43 % de protéines; le chou-fleur 40 % ; les graines de citrouille 21 % ; le citron 16 % ; le maïs 12 %.

Voici d'autres bonnes sources de protéines végétales : les germinations, le riz brun, les lentilles, les pois cassés, les bananes et les courges.

LES QUATRE GROUPES DE L'ALIMENTATION VÉGÉTARIENNE

Selon le *Physicians Committee for Responsible Medicine*

Groupe d'aliments	Portions quotidiennes	Exemple d'une portion
Céréales	5 ou plus	60 g de céréales cuites 30 g de céréales sèches 1 tranche de pain
Légumes	3 ou plus	125 g de légumes crus 60 g de légumes cuits
Légumineuses noix, graines	2 à 3	60 g de fèves cuites 120 g de tofu 23 cl de lait de soja 2 c. à table noix, graines
Fruits	3 ou plus	1 morceau moyen de fruit 125 g de fruits cuits 23 cl de jus de fruit

Nota: Les besoins énergétiques varient selon l'âge, le sexe et le type d'activités.

Un guide alimentaire pour la santé financière des producteurs de viande?

À la suite du lobbying intensif des industries de la viande, des œufs et du lait, le gouvernement fédéral a apporté des modifications majeures à la dernière édition du « Guide Canadien de l'Alimentation », publié par le ministère de la Santé et du Bien-être.

Cédant aux pressions de l'industrie alimentaire, on a rectifié les tableaux du Guide mis en circulation en novembre 1992, après cinq ans de consultation. Les portions de viande et d'œufs furent doublées. Les producteurs de lait s'opposèrent à la recommandation de réduire de quatre à trois portions par jour la consommation maximale. Quant aux producteurs de viande, ils n'ont guère apprécié que le Guide propose de couper la consommation de viande de moitié pour manger à la place des légumes, du tofu et des légumineuses.

Selon un représentant de Porcs Canada Inc., le Guide donnait l'impression de « promouvoir l'alimentation végétarienne » et « cette réduction aurait pu être interprétée comme un renforcement de la nocivité de la viande », d'expliquer cette fois-ci un représentant du *Centre d'Information sur le Bœuf*.

Ces rajustements à la hausse apportés au Guide Alimentaire par des producteurs avides, non pas de santé publique mais de profit, contredisent quelque peu l'avis accompagnant le document qui affirme que le « Guide Alimentaire est fondé sur la science de l'alimentation et de la nutrition. »

ALIMENTATION ET EFFETS SECONDAIRES

« Intoxiqué par trop de viande, de lait, de fromage et d'autres aliments d'origine animale, l'homme moderne se sent fatigué et lourd. Il consomme alors, pour se stimuler, de l'alcool, du café, du tabac, du sucre, du sel raffiné et des médicaments de toutes sortes, aggravant ainsi la pollution de son corps. Affolé, il court chez le médecin. S'il tombe chez un médecin matérialiste classique, celui-ci lui fera des examens qui montreront que son corps est malade et il lui prescrira des médicaments chimiques. Mais si notre intoxiqué va chez un médecin conscient des problèmes de notre temps, il se verra expliquer qu'il est responsable de ses maux, par son ignorance des besoins réels de son corps et qu'il est indispensable pour lui d'apprendre à gérer sa santé, notamment par une alimentation végétale, variée et vivante. Ce médecin lui montrera que la santé de l'individu et celle de toute l'humanité sont intimement liées, que chacun est responsable de lui-même et de tous. » (Docteur Christian Tal Schaller)

VÉGÉTARISME ET GROSSESSE

« La preuve en a été faite : le fait d'être enceinte et végétarienne ne présente aucun problème, mais au contraire est plus sûr, plus sain, comme l'affirmait le *Southern Medical Journal* en 1987. Dans cette étude, 775 femmes végétariennes, qui ne consommaient aucun produit laitier ni aucune viande, reçurent une alimentation adéquate à leur état ainsi que de bons soins prénataux et toutes donnèrent naissance à des bébés à terme et en pleine santé. Les accouchements se passèrent avec beaucoup moins de complications, aussi bien avant qu'après l'intervention ; on enregistra moins de troubles postnataux, tels que les saignements excessifs et la pré-éclampsie (pression sanguine élevée et dangereuse, et rétention de liquide) et on eut moins recours à des césariennes avec ces femmes.

Dans ma pratique médicale, je reçois beaucoup de mères végétariennes qui ont donné naissance à des bébés sains et à terme, et ce malgré les inquiétudes de la famille, des médecins et des amis. En fait, aucun bébé végétarien lors de ma pratique n'a présenté des problèmes de poids ou de taille. Des parents avertis et une bonne nutrition durant la grossesse en sont la clé.

La littérature médicale confirme mes découvertes. Des études suivies récentes sur la croissance des enfants végétariens, tel que rapporté par l'American Journal of Clinical Nutrition et le journal médical Pediatrics, nous assurent d'un taux de croissance normal chez des enfants dont l'alimentation est balancée, variée, adéquate en termes de calories et ...sans viande ! » (Michael Klaper, M.D.)

VÉGÉTARISME ET SPORT

De nombreux sportifs font la promotion de la viande, spécialement du boeuf, en tant que source indispensable à la performance. Pourtant un grand nombre d'athlètes sont végétariens :

Henry Aaron	champion des coups de circuit de la ligne majeure de baseball
Dave Scott	gagnant du triathlon *Ironman*
Sixto Linares	record mondial du triathlon de 24 heures
Paavo Nurmi	20 records mondiaux de course de longue distance, 9 médailles olympiques
Robert Sweetgall	meilleur marcheur de longue distance au monde
Bill Pickering	traversée de la Manche à la nage
Andreas Cahling	vainqueur du championnat de culturisme et détenteur du titre Monsieur International
Roy Hilligan	vainqueur du championnat de culturisme et détenteur du titre de Monsieur Amérique
Ridgely Abele	gagnant de 8 championnats nationaux de karaté
Bill Pearl	détenteur du titre de Monsieur Univers

S'ajoute à cette liste partielle, le lutteur *Killer Kowalsky*, renommé dans les années 50-60 et devenu végétarien dès l'âge de 22 ans. Ce gaillard de 6' 8", pesant près de 250 livres, a personnifié le vilain pendant toute sa carrière mais, derrière son personnage de tueur se cachait un végétarien convaincu qui après la lecture des théosophes – comme Annie Besant – abandonna la viande. À la grande consternation de son manager, de son médecin et de ses amis qui voyaient là la fin de sa carrière de lutteur. Au contraire, en devenant végétarien, Kowalsky trouva que sa force et son endurance augmentèrent.

On ne peut que faire le parallèle entre la vie de ce grand lutteur et celle de Milo de Croton, lui aussi lutteur mais au VIe siècle. Disciple de Pythagore, il ne perdit jamais un combat et gagna de nombreuses victoires dans les Olympiades de l'Antiquité. Milo attribuait sa force et ses triomphes à l'enseignement végétarien de son Maître. Il est donc possible d'être végétarien(ne) et pratiquer tous les sports. Selon Barbara Brehm, professeure en éducation physique, il n'est pas nécessaire de manger du muscle pour fabriquer du muscle, pas plus qu'il n'est nécessaire de manger du foie pour fabriquer du foie. Elle suggère que les sportifs et les athlètes doivent ingérer environ 10 % plus de protéines que les autres personnes. Les sources de protéines : les fruits, les légumes, les noix, les céréales. De plus, il est important d'augmenter les hydrates de carbone (pain, pâtes, fèves) afin de maintenir un bon niveau d'énergie et d'endurance.

VÉGÉTARISME : UN GAGE DE SANTÉ

« Les végétariens ont la meilleure alimentation. Ils ont le taux le plus bas de maux coronariens de n'importe quel groupe de ce pays. Certaines personnes se moquent des végétariens, mais ceux-ci constituent une fraction dans le pourcentage des attaques cardiaques. Ils nous survivent. Présentement, ils surpassent de 6 ans l'espérance de vie comparativement aux autres hommes. » (Dr William Castelli)

Viande et cancer

Une alimentation végétarienne aide à prévenir le cancer. Plusieurs études épidémiologiques et cliniques ont prouvé que les végétariens meurent moins de cancer que les non-végétariens. Également, le cancer du sein est beaucoup plus rare dans des pays comme la Chine où l'on consomme plus de végétaux. Les femmes japonaises qui ont une alimentation copiant le style occidental développent huit fois plus ce type de cancer que celles qui ont une diète basée traditionnellement sur les végétaux. Les végétariens ont aussi moins le cancer du colon que les mangeurs de viande. Les produits animaux contiennent toujours beaucoup de gras et ne contiennent pas de fibres. La viande et les produits laitiers contribuent à plusieurs formes de cancer, incluant le cancer du colon, du sein, de la prostate et d'autres organes. Le cancer du colon est directement relié à la consommation de viande. La consommation élevée de gras encourage la production par le corps d'œstrogènes, en particulier d'estradiol. Des niveaux élevés de cette hormone ont été reliés au cancer du sein. Une étude récente a démontré un lien entre la consommation de produits laitiers et le cancer des ovaires. La transformation de la lactose (sucre du lait) en galactose endommage sérieusement les ovaires.

Les végétariens évitent le gras animal, qui est relié au cancer, et consomment des fibres et des vitamines qui aident à le prévenir. De plus, des analyses de sang de végétariens ont révélé un taux élevé de cellules naturelles tueuses qui entraînent les globules blancs à attaquer les cellules cancéreuses.

Comparativement aux végétariens, les carnivores ont
2,3 fois plus de cancers du colon
4 fois plus de cancers du sein
3,6 fois plus de cancers de la prostate
10 fois plus de cancers des poumons

Viande et pression sanguine

Si on retourne dans les années 1900, les nutritionnistes avaient noté que les gens qui ne mangeaient pas de viande avaient une pression sanguine plus basse. On découvrit aussi qu'une alimentation végétarienne pouvait, en-dedans de deux semaines seulement, réduire considérablement la pression sanguine d'une personne. Ces résultats étaient probants même en ne tenant pas compte des niveaux de sodium dans l'alimentation végétarienne. *26 % des carnivores font de l'hypertension. Ce taux baisse à 2 % chez les végétariens.*

Viande et diabète

Toute personne non-dépendante à l'insuline pourra mieux contrôler sa condition si elle a une alimentation végétarienne faible en gras, combinée à des exercices réguliers. Parce qu'une telle alimentation est faible en gras et riche en fibres et en hydrates de carbone, cela permettra à l'insuline de travailler plus efficacement. Une personne diabétique peut ainsi contrôler plus facilement son niveau de glucose. Alors que l'alimentation végétarienne ne peut éliminer le besoin d'insuline chez les gens qui en sont dépendants, elle peut souvent aider à réduire la dose requise. Certains scientifiques croient que la dépendance à l'insuline serait une réaction d'auto-défense à la protéine lactique. Notons que les cas de diabète sont rares, sinon inexistants, dans les pays où on consomme surtout des céréales, des légumes et des fruits.

Viande et calculs rénaux

Une alimentation végétarienne permet de réduire l'apparition de pierres à la vésicule biliaire et aux reins. Les alimentations qui sont riches en protéines, spécialement les protéines animales, ont tendance à faire éliminer plus de calcium, d'oxalate et d'acide urique. Ces trois substances sont les composants principaux des pierres urinaires. Des scientifiques britanniques ont conseillé à des personnes enclines à produire des calculs rénaux d'adopter une alimentation végétarienne. De façon similaire, les alimentations riches en gras et en cholestérol, c'est-à-dire à base de produits animaux, sont impliquées dans la formation des pierres à la vésicule biliaire.

Viande et asthme

Une étude suédoise qui date de 1985 a démontré que les asthmatiques ayant adopté une alimentation végétarienne pendant un an ont vu diminué leurs besoins en médicaments ainsi que la fréquence et sévérité de leurs crises d'asthme. Parmi les 24 sujets de cette expérience, 22 ont noté une amélioration de leur état à la fin de l'année. Les allergies aux produits laitiers pourraient en être la clé. (Réf. : *Vegetarian Foods Powerful for Health, Physicians Committee for Responsible Medicine*)

LE LAIT, VACHEMENT MEILLEUR?

Nous remercions Stephen Leckie, de la *Toronto Vegetarian Association* pour ce texte, qui fut révisé par le Dr Mark Fromberg.

Tendances

« Les êtres humains n'ont absolument pas besoin de consommer du lait de vache. » (Dr Michael Klaper)

Le Canada est le pays qui détient le plus haut taux de consommation de lait dans le monde, mais peut-être pas pour encore longtemps. La consommation de lait est passée de 109 litres par personne annuellement en 1980 à 103,75 litres maintenant. La consommation de beurre a chuté à moins de 3 kg par année alors qu'elle était de 8 kg il y a 30 ans. Cela coïncide avec une chute des maladies coronariennes depuis les 25 dernières années.

L'industrie laitière enregistrait des ventes de 7,2 $ milliards en 1990.

Le Dr Benjamin Spock, 89 ans, autrefois l'avocat de la consommation de lait de vache par les enfants, a maintenant joint le rang des médecins qui se questionnent sur la valeur nutritive du lait et sur le lien qui existe entre sa consommation et le risque de diabète juvénile et d'allergies. Le Dr Spock affirme : « L'allaitement maternel est la meilleure nourriture qui existe pour les bébés. »

Le docteur Spock est appuyé par les docteurs Frank Oski, directeur des soins pédiatriques à l'Université John Hopkins, et Neal Barnard, président du *Physicians Committee for Responsible Medicine*, comité qui compte 2000 membres. Lors d'une conférence le 28 septembre 1992, le docteur Oski a affirmé que le lait de vache constitue une source disproportionnée de calcium, souvent contaminée par des traces d'antibiotiques, qui peut causer des allergies et des problèmes digestifs, et avoir un lien avec le diabète juvénile.

Les problèmes de santé associés au lait de vache ne sont peut–être pas surprenants si l'on considère que les êtres humains sont les seuls à boire du lait provenant d'une autre espèce et qu'ils continuent à consommer du lait après l'enfance. Le lait de vache entier est cons-titué pour convenir aux besoins nutritifs d'un veau qui double son poids en 47 jours et grossit de 300 lbs en une seule année. Le lait de vache contient environ trois fois plus de protéines que le lait humain et environ 50 % plus de gras.

La lactose et les allergies

Passé l'âge de 4 ans, nombre de gens développent une intolérance à la lactose, c'est-à-dire l'inaptitude à digérer le contenu de sucre dans la lactose du lait. S'ils continuent à consommer du lait passé l'âge de la jeune enfance, ils risquent la diarrhée, des gaz et des crampes. Plus de 20 % des canadiens sont intolérants à la lactose, alors qu'un autre 5 % à 10 % peut souffrir d'allergies aux protéines du lait, selon le docteur Milos Krajny, secrétaire de la Société des Allergies d'Ontario.

En fait, chaque étude majeure faite sur les allergies implique le lait et les produits laitiers comme étant les facteurs principaux d'allergies alimentaires. Le docteur Krajny recommande souvent à ses patients de tout simplement éviter le lait pour une période d'essai. Les plaintes typiques de ses patients sont : migraines, écoulement nasal, infections des oreilles, problèmes gastro-intestinaux et asthme. « Je demande simplement à mes patients d'arrêter de boire du lait et 70 % d'entre eux se sentent merveilleusement bien après l'avoir fait. »

De la viande liquide

Le lait de vache ainsi que les autres produits laitiers ont un taux élevé de gras saturés et de cholestérol. L'industrie laitière a astu-cieusement désigné le contenu en gras sous forme de pourcentage de poids. En utilisant ce système et en l'appelant lait 2 %, 87 % du poids étant constitué d'eau, on a l'impression qu'il s'agit d'un produit contenant peu de gras. Cependant, exprimé en pourcentage total de calories, le lait 2 % est en réalité constitué de 31 % de matières grasses. Le lait entier contient 49 % de gras, le fromage 60 à 70 % et le beurre 100 %.

Le Dr John A. McDougall appelle les produits laitiers de la « viande liquide » parce que leur contenu alimentaire est à peu près le même. Manger des produits à haut pourcentage de gras contribue au développement de maladies coronariennes, de certains cancers et d'attaques d'apoplexie, les trois maladies qui tuent le plus de personnes au Canada.

Le diabète chez les enfants

Une étude récente sur la consommation de lait démontra que le fait de boire du lait de vache durant l'enfance peut amener le diabète juvénile. Cette étude affirme que la consommation de lait déclenche la destruction de cellules du pancréas, productrices d'insuline, par le système immunitaire du corps. L'étude fut menée conjointement par des chercheurs de Toronto et de Finlande.

Un lien entre le diabète et le lait de vache a été décelé car les populations qui boivent beaucoup de lait (comme les finlandais) ont un taux élevé de cette maladie. On a aussi vu des cas de jumeaux identiques qui démontraient que si l'un des jumeaux développait un diabète de type-I, il y avait seulement 50 % des chances que l'autre jumeau le développe aussi. Puisque les jumeaux identiques ont le même code génétique, cela suggérerait que le diabète n'est pas uniquement dû aux gènes.

La cataracte

Il existe aussi un lien entre la consommation de lait et la cataracte. Selon des études scientifiques, les populations qui consomment beaucoup de produits laitiers ont une plus haute incidence de cataractes que celles qui n'en consomment pas.

On croit que la galactose du lait serait la grande coupable. Un taux élevé de galactose dans le sang est associé à la formation de cataracte. La galactose est aussi impliquée dans le cancer des ovaires. Les femmes ayant contracté cette maladie semblent être de celles qui consommaient beaucoup de produits laitiers, particulièrement du yogourt.

La plupart des canadiens ont été élevé dans la croyance que de boire du lait est bon pour la santé. Cela semblait provenir du gros bon sens mais c'était plutôt le résultat d'une grande campagne publicitaire faite par l'industrie laitière. Faisant fi de la logique scientifique (ou de la logique tout court), ils ont réussi à convaincre la plupart d'entre nous que la nourriture des veaux est essentielle à l'alimentation humaine.

Problèmes reliés au lait

Selon le Dr Frank A. Oski :

· le lait est déficient en fer;

· le lait est une cause commune d'allergies et de problèmes digestifs, particulièrement parmi les descendants de races asiatiques et africaines, qui ne produisent pas assez d'enzymes pour digérer la lactose de sucre du lait;

· les produits laitiers manquent de fibres et sont surchargés de gras et de cholestérol;

· le lait constitue une source concentrée de protéines. Ironiquement, la surconsommation de produits à taux élevé de protéines, tels que les produits laitiers, peut contribuer à l'ostéoporose.

Selon le Dr AgathaTrash :

· le lait empêche l'assimilation du zinc et augmente nos besoins en vitamines A et B_{12}.

L'alternative aux produits laitiers

Il existe aujourd'hui plusieurs produits végétariens qui sont délicieux et dont la texture et l'apparence ressemblent à celles des produits laitiers. Visitez votre magasin de produits naturels et vous y trouverez une foule de laits de soja, de riz, d'amandes et de crèmes glacées sans lait. Il y a du fromage à base de soja mais la plupart des marques contiennent de la caséine de lait. Au lieu de beurrer votre rôtie le matin, essayez de la badigeonner avec de l'huile végétale, telle que de canola, de lin ou d'olive. Le chocolat foncé, les sorbets et plusieurs pains sont habituellement sans produits laitiers, mais lisez les étiquettes d'abord.

« La femme Bantoue donne un excellent exemple de santé. Son alimentation sans lait, contient quand même entre 250 et 400 mg de calcium provenant de source végétale, ce qui constitue la moitié de ce que consomment les femmes occidentales. Les femmes Bantoues ont généralement 10 bébés dans leur vie et les nourrissent avec leur lait pendant environ 10 mois. Malgré cette basse consommation de calcium, l'ostéoporose est presque inexistante chez ces femmes. »
(Dr John McDougall)

PERTE DE POIDS ET CŒUR EN SANTÉ (Programme du Dr Dean Ornish)

« Je ne comprends pas pourquoi on considère qu'il est radicaliste de demander à des gens d'adopter une alimentation végétarienne bien balancée, alors qu'on considère adéquat de couper les gens pour les opérer, et de les soumettre à des médications très puissantes tout le restant de leur vie pour réduire leur taux de cholestérol. » (Dr Dean Ornish)

Le Dr Dean Ornish est un auteur, un professeur et un communicateur de renommée mondiale. Ses recherches ont été publiées dans plusieurs revues médicales (*The Lancet*, l'*American Journal of Cardiology*, le *Journal of the American Medical Association*, le *Journal of the American Dietetic Association*) et sa méthode pour perdre du poids et avoir un coeur en santé a transformé la vie de milliers de personnes.

Son programme est basé sur une alimentation végétarienne faible en matières grasses, comportant des fruits, des légumes, des légumineuses et des céréales. Cette alimentation a des effets specta-culaires au niveau de la perte de poids et a révolutionné l'idée que certaines maladies cardiaques sont irréversibles.

Cœur en santé

Le Dr Ornish a étudié un groupe de 48 patients souffrant de maladies cardiaques et l'a divisé en deux. La première moitié adopta une alimentation végétarienne, sans alcool ni tabac. La deuxième conserva son alimentation carnée tout en diminuant un peu les matières grasses et en maintenant son niveau habituel d'activités.

Les résultats obtenus pendant cette étude d'une année sont révélateurs. 82 % des patients végétariens virent leurs artères sclérosées se dégager. Les douleurs reliées à l'angine disparurent dans une proportion de 91 %. Les patients maigrirent en moyenne de 10 kilos.

En revanche, les artères du second groupe continuèrent majoritairement à se rétrécir. Les douleurs reliées à l'angine augmentèrent de 156 %.

L'artériosclérose ou durcissement des artères peut donc non seulement être stoppée, mais aussi inversée, sans médicament, avec une alimentation végétarienne, de l'exercice et des techniques de relaxation. Ici au Québec, le cardiologue André Lapierre de l'hôpital Maisonneuve-Rosemont (à Montréal) applique cette alimentation végétarienne à ses patients avec des résultats tout à fait extraordinaires.

Contrairement aux approches conventionnelles qui ne font que supprimer les symptômes, un changement important des habitudes alimentaires touche aux causes profondes du problème de santé. Les médicaments, les angioplasties – gonflement d'un ballon à l'intérieur d'une artère coronaire pour la débloquer – et les pontages n'assurent qu'une amélioration temporaire. La moitié des pontages doivent être refaits après cinq ans alors que le tiers des artères débloquées par angioplastie se rebloque après quatre ou six mois.

Le *Journal of the American Medical Association* affirmait (en 1961 !) que près de 97 % des maladies cardio-vasculaires pourraient être évitées par une alimentation végétarienne.

· le taux de cholestérol moyen des gens mangeurs de viande : 210 mg/d ;
· le risque de mourir d'une maladie cardiaque si le niveau de cholestérol de votre sang est de 210 mg/d est de 40 % à 50 % ;
· le taux de cholestérol moyen des gens qui ne consomment pas de produits animaux : 150 mg/d ;
· le risque de mourir d'une maladie cardiaque si le niveau de cholestérol de votre sang est de 150 mg/d est virtuellement nul.

Aux États-Unis, la cause la plus fréquente de décès est l'infarctus cardiaque qui frappe une personne toutes les 25 secondes...

Perte de poids

Il semble que 95 % des individus qui suivent des régimes reprennent le poids perdu et même plus. Ce constat d'échec n'est pas seulement imputable à un manque de volonté mais à l'application d'un principe erroné : le calcul des calories. En éliminant radicalement les matières grasses de l'alimentation, il est possible de maigrir et de conserver son poids et ce, sans compter les calories, mesurer les portions et surtout sans être affamé. Ce n'est pas un régime ou une diète mais bien une nouvelle façon de s'alimenter.

Rappelons que les gens qui souffrent d'embonpoint, et qui ont généralement une alimentation à haute teneur de matières grasses courent plus de risques de souffrir d'hypertension, de cholestérol sanguin, de diabète, de maladies cardiovasculaires et de divers cancers (sein, prostate, colon, etc.). Pour ce qui est du cancer du sein, diverses études démontrent qu'une alimentation riche en gras animal augmente la production et l'activité biologique de l'oestrogène. Les femmes non-végétariennes ont environ 50 % plus d'oestrogène dans le sang que les végétariennes. On croit qu'un taux élevé d'oestrogène favorise la croissance de tumeurs au sein.

Dans le programme du Dr Dean Ornish, les matières grasses ne constituent que *10 % du total des calories absorbées.* Si l'alimentation est très riche en gras, les résultats seront immédiats et spectaculaires. Par ailleurs, si l'alimentation est relativement pauvre en gras, la patience est de rigueur; mais généralement, on peut perdre facilement entre un demi et un kilo par semaine.

Aliments à consommer à volonté

Fruits	pommes, abricots, bananes, fraises, cerises, bleuets, oranges, poires, melons, ananas, etc.
Légumes	pommes de terre, courgettes, brocolis, carottes, laitues, aubergines, asperges, épinards, etc.
Céréales	riz, avoine, maïs, millet, orge, sarrazin, blé, pain complet et pâtes alimentaires
Légumineuses	lentilles, haricots secs, pois cassés, fèves soja, pois chiches, etc.

Aliments à éviter

Viandes	toutes les sortes y compris le poulet et le poisson
Huiles	margarine, beurre, vinaigrette, mayonnaise
Œufs	excepté le blanc d'œuf
Avocats	
Olives	
Noix/graines	
Sucre	
Alcool	l'alcool supprime la capacité de notre organisme de brûler les matières grasses

Aliments à consommer avec modération

· Le sel.

· Ceux qui consomment des produits laitiers peuvent utiliser du lait écrémé, du fromage faible en gras et du yogourt sans gras. (Notons que même écrémés, les produits laitiers sont riches en protéines et que trop de protéines est nuisible pour la santé. Comme nous l'avons vu précédemment, un excès de protéine animale entrave l'assimilation du calcium, un minéral que l'on retrouve dans le tofu, l'avoine, le navet, le brocoli, etc. À cause de leur ratio calcium/phosphore plus équilibré, le calcium des fruits et des légumes est plus facilement absorbé par l'organisme.)

Quelques idées pour réduire la consommation de matières grasses

· Lisez les étiquettes.

· Consultez notre tableau (p. 131) pour connaître le taux de gras de certains aliments.

· Éliminez de moitié ou complètement le gras dans vos recettes. Pour sauter des oignons ou autres légumes, utilisez quelques gouttes d'huile et ajoutez de l'eau si les aliments commencent à coller.

· En omettant la vinaigrette de votre salade, vous éliminez plus de 12 grammes de gras. Remplacez-la par du citron ou du vinaigre (de fruits, de riz, etc.) d'herbes, de tamari, de moutarde de Dijon.

· Chaque fois que vous omettez 1 c. à thé de beurre ou de margarine, c'est 5 grammes de gras en moins. Donc, vous pouvez éliminer jusqu'à 10 grammes de gras en évitant de mettre du beurre ou de la margarine sur vos rôties ou dans vos sandwichs. (Utilisez de la confiture de fruits non sucrée, de la compote de pommes, des tranches de bananes, du ketchup, de la moutarde, des tartinades aux légumes, des trempettes au tofu.)

· Si la faim vous tenaille entre les repas, grignotez du maïs soufflé fait maison (sans beurre!), des galettes de riz, du pain pita, des bagels, des fruits, des légumes.

· Même en étant déjà végétarien(ne), on peut consommer beaucoup de gras. Des aliments végétariens tels que le beurre d'arachides, le tahini, les olives, l'avocat, les graines de tournesol, les noix contiennent énormément de matières grasses.

Exemple de menu végétarien moins gras

Végéburger	Végéburger
Frites avec ketchup	Pommes de terre cuites au four avec ketchup
Salade (2 c. table vinaigrette)	Salade de crudités avec vinaigrette sans huile
Total du gras : 42 grammes	Total du gras : 14 grammes

Faire de l'exercice

Faire régulièrement de l'exercice, au moins trois fois par semaine. De la marche, du jogging, de la natation, de la bicyclette, de la danse aérobique, du ski, etc. Le yoga et les exercices d'étirement et de réchauffement améliorent le tonus musculaire et la souplesse.

Nourrir son âme

Nourrir son âme par la méditation, la visualisation créatrice, l'amour et le soutien social de ses amis et de sa famille. Mais, comme le souligne à juste titre le Dr Ornish : « Ce qui nous libère réellement de nos dépendances, de nos habitudes et de nos contraintes, c'est l'expérimentation transcendante directe du fait que nous ne sommes pas isolés et que nous ne sommes pas seuls. À un certain niveau bien sûr, nous sommes séparés les uns des autres. Vous êtes ce que vous êtes et je suis ce que je suis. Vous avez un corps qui a besoin d'être nourri et vous avez un esprit qui a besoin de penser. Mais, à un autre niveau, nous sommes des créatures spirituelles. Nos âmes ont également besoin d'être nourries. »

Finalement...

Peut-être vaut-il mieux avoir des objectifs réalistes, tendre vers un poids-santé en fonction de son ossature, de son âge et de son hérédité ; ne pas se laisser influencer par les images stéréotypées des médias qui prônent un look filiforme pour tout le monde ; et enfin, être à l'écoute de son corps et de ses émotions.

Matières grasses	Grammes
Arachides (30 g)	18
Avocat (3.5 po. diamètre)	36.7
Bacon (30 g)	5
Bagel (sans œufs)	1.3
Barre de chocolat Kit Kat (32 g)	13
Barre de chocolat Mars (30 g)	4
Beigne	11.3
Beurre (1 c. à thé)	5
Beurre d'arachides (1 c. à table)	8
Crème fouettée (125 g)	88.1
Crème glacée (1 tasse)	23.7
Crème sûre (2 c. à table)	5
Fromage à la crème (2 c. à table)	10
Fromage cheddar (2 c. à table)	8
Fromage parmesan (1 c. à table)	1.5
Fruit frais	0
Graines de tournesol (1 c. à table)	5
Hamburger au boeuf	6.8
Huile (1 c. à thé)	5
Hummus (30 g)	15 +
Lait entier (125 g)	8
Légumes	–
Levure alimentaire (30 g)	0.5
Macaroni au fromage fondu (175 g)	19
Maïs soufflé au beurre (375 g)	6
Maïs soufflé sans gras (375 g)	–
Margarine (1 c. à thé)	5.1
Mayonnaise (1 c. à table)	6
Œufs brouillés (2)	14
Olives (10 petites)	5
Pâté de foie (2 c. à table)	11
Pâté végétal (2 c. à table)	5
Pâtes alimentaires (spaghetti/125 g)	0.6
Pizza au fromage fondu (1 morceau)	5
Pois chiches (125 g)	3.3
Pommes de terre au four	0
Pommes de terre frites (10)	10
Pommes de terre en croustilles (30 g)	10
Porc (jambon 30 g)	8.3
Poulet (125 g)	4.8
Quiche aux oeufs (1/8 d'une quiche de 8 po.)	40 +
Riz brun (125 g)	1.3
Saindoux (1 c. à table)	12.5
Sandwich au fromage fondu	31
Sandwich aux œufs	15 +
Saucisse de porc (4 x 7/8 po.)	4.2
Tahini (2 c. à table)	17.8
Tarte aux pommes (1 portion)	14
Thon en conserve (125 g)	10.9
Tofu (2 1/2 x 2 1/2 x 1 po.)	5

DEUXIÈME PARTIE
TRANSFORMATION ANIMALE

« Les animaux de ce monde existent pour leurs propres raisons. Ils n'ont pas été faits pour les humains, pas plus que les Noirs ne le furent pour les Blancs ou les femmes pour les hommes. » (Alice Walker)

ÉLEVAGE INTENSIF DES ANIMAUX DE CONSOMMATION

« En fait, si une personne fait du mal aux animaux elle sera considérée comme étant cruelle, mais quand des gens sont cruels envers des animaux, spécialement au nom du commerce, on ferme alors les yeux sur cette cruauté, et lorsque de grosses sommes d'argent sont en jeu, elle sera même défendue par des gens autrement intelligents. » (Ruth Harrison)

Quiconque vit avec un chat, un chien ou un oiseau sait très bien que les animaux ressentent des émotions, démontrent de la joie, de la peur et de l'affection. Ils communiquent entre eux par des sons, des cris, des chants et s'entraident mutuellement. Certains vivent en troupeau, en clan et une hiérarchie s'établit entre eux.

Il existe des lois pour protéger les chats et les chiens, mais elles sont presque inexistantes pour les animaux élevés pour la consommation humaine. Les méthodes modernes d'élevage considèrent avant tout l'animal comme une source de profits, une machine à viande sur pattes. On fabrique la viande comme des automobiles, en série! Les animaux emprisonnés dans les fermes concentrationnaires mènent une existence artificielle où l'on ne respecte pas leurs besoins les plus élémentaires. Ils n'ont pas droit à l'exercice, à l'air et à l'interaction avec leurs pairs. Ils subissent l'immobilisation partielle ou totale, parfois dans la noirceur ou la lumière artificielle, faisant l'objet de manipulations génétiques, de croisements, de mutilations afin de satisfaire aux demandes des humains.

Jamais dans toute l'histoire de l'humanité a-t-on vu ce genre d'exploitation, de domination et d'oppression exercées sur les animaux par l'industrie de l'agriculture.

Pour remédier à cette vie animale contre-nature, les éleveurs doivent avoir recours à une panoplie de produits chimiques (antibiotiques, sulfamides, tranquilisants, hormones, anabolisants, vaccins) afin de contrer les nombreuses maladies qui terrassent les animaux de l'élevage intensif. Il n'est guère surprenant de constater que les humains se nourrissant de viande provenant d'animaux élevés et tués dans la douleur et la peur souffrent à leur tour de divers désordres physiques, énergétiques et même spirituels.

« Se pourrait-il que dans ce cas lorsque nous mangeons la chair des animaux qui ont été traités avec un tel mépris, nous assimilions quelque chose de leur expérience qui aurait par la suite des répercussions dans notre propre vie ? Le fait de manger les produits d'un système aussi malsain contribue de façon significative à l'impression qui envahit aujourd'hui l'humanité, à savoir que cette Terre ressemble de plus en plus à l'asile d'aliénés de l'Univers. » (John Robbins)

Les bovins

Le boeuf, on l'écorne, le castre et le marque sans anesthésie. Durant l'engraissement, le boeuf mange une telle quantité de céréales que cela provoque très souvent un abcès au foie. Au Québec, lors de l'hiver 1993-94, plusieurs parcs d'engraissement de bovins ont connu des épisodes de botulisme ayant entraîné jusqu'à 10 % de mortalités. Cette maladie est perceptible par un manque de coordination des gestes de l'animal, des difficultés à se lever, à se nourrir et à respirer. Progressivement, une paralysie s'installe. L'apparition de cas de botulisme serait reliée, entre autres choses, à l'utilisation d'une ration alimentaire à base d'ensilage de litière de volaille. Le boeuf peut aussi souffrir du « virus de leucémie bovine » ce qui le rend plus fragile aux maladies et aux infections. De plus, le *virus de la diarrhée virale bovine* (BVD), fait des ravages dans tous les troupeaux québecois.

La vache, son rôle se limite à être gestante le plus souvent possible (par insémination artificielle, par transfert d'embryons, etc.) puisque sans veau, il n'y a pas de lait ! Toujours attachée, élevée en étable fermée sur des planchers lattés, ayant peu de place pour bouger, il est loin le temps où la vache allait en pâturage une partie de l'année. Suralimentée, elle s'épuise à donner des quotas de lait de plus en plus grands. Selon Statistiques Canada, la production d'une vache laitière moyenne a augmenté d'environ 75 % entre 1971 et 1991.

Le veau est séparé dès sa naissance de sa mère. Un veau peut téter jusqu'à 16 fois par jour. En élevage intensif, ce besoin très fort qui stimule en plus la sécrétion d'hormones digestives, est ignoré. Son alimentation est faite d'une bouillie chimique le rendant anémique et provoquant dans sa chair une couleur rose pâle, couleur très recherchée par les gourmets. Enchaîné par le cou, à la noirceur dans un enclos tellement étroit qu'il ne peut ni faire un pas, ni se lécher (ou se faire lécher), le veau n'a même pas assez de place pour se coucher con-fortablement. Pour le garder vivant pendant les brefs mois de son calvaire et jusqu'à l'abattoir, on doit lui administrer des doses excessives d'antibiotiques. Tout comme son père et sa mère, le veau souffre chroniquement du « virus de la diarrhée bovine » (BVD), mais aussi de cécité et de troubles respiratoires.

Les porcs

Le porc, cet animal intelligent, curieux, sensible et attachant est élevé à la moderne dans des endroits fumigés, décontaminés et stérilisés. Son existence de bagnard se passe sur des lattes de bois, des planchers de ciment et il n'a jamais droit à l'air, au soleil et à l'exercice.

Entassés, incapables d'occuper leur rang hiérarchique, les porcs sont gardés dans la noirceur pour les calmer et minimiser les batailles et les affrontements. Leur queue doit être coupée afin d'éviter le cannibalisme.

Ce qui est important pour les éleveurs, c'est que la truie produise un nombre toujours plus élevé de porcelets. Dès le sevrage des petits, on lui injecte des hormones afin de provoquer de nouvelles chaleurs. Ensuite, la truie est placée dans une cage de gestation où pendant trois mois elle ne pourra faire qu'un pas en avant, un pas en arrière, sans jamais pouvoir se retourner sur elle-même. Au moment de l'accouchement, la truie est emprisonnée dans un enclos si étroit qu'elle ne peut se tenir debout. Elle allaite entourée de barreaux sous des lumières rouges et elle est séparée de ses petits après trois courtes semaines alors que dans la nature, le sevrage n'intervient qu'à la douzième semaine.

Pour souhaiter la bienvenue au porcelet, on lui sectionne les dents, le vaccine, le désinfecte et le castre.

Les porcs souffrent majoritairement de diarrhées, de maladies respiratoires et d'une grande détresse émotionnelle.

Au Québec, 4,5 millions de cochons sont abattus chaque année.

Les volailles

Les poules pondeuses sont entassées à plusieurs dans une petite cage ; elles ne peuvent ni se retourner, ni s'accroupir dans leurs diarrhées... Elles ne voient jamais la lumière du jour et on les expose à un éclairage artificiel ce qui provoque des pontes anormalement élevées et les garde dans un calme relatif. Elles n'ont bien sûr aucune chance de couver leur oeuf et d'avoir une relation affective avec leurs poussins.

Ces prisonnières de la ponte souffrent de bronchite, d'anomalies du système reproducteur, de foie nécrosé et de cancers. Une forme de cancer – le leukosise – touche près de 90 % des poules pondeuses.

Le confinement et l'ennui amènent stress et agressivité. Pour éviter le cannibalisme, on coupe la pointe du bec des poules, une opération très douloureuse. Pour minimiser les batailles, les producteurs mettent dans les yeux des poules des verres de contact ou parfois des lunettes ! Ces accessoires oculaires qui ont pour de but de calmer les agressions font en sorte que les poules souffrent d'infections aux yeux, de cécité ou de graves ulcérations de la cornée.

Les poulets, les dindes et autres volatiles doivent aussi subir les horreurs de l'élevage intensif : surpopulation, mutilation, aération insuffisante, surchauffage, noirceur, insuffisance de l'espace pour la nourriture et l'eau, suralimentation, ce qui provoque souvent des difformités. On estime que 98 % des volailles ont des douleurs ou des faiblesses aux pattes. Voici d'autres maladies communes : problèmes respiratoires chroniques, attaques cardiaques, engorgement du foie, cancers, syndrome de croissance retardée, arthrite virale, cécité ou douleurs chroniques aux yeux dues aux émanations d'ammoniaque.

Les méthodes d'élevage et les conditions d'abattage étant dénaturées, plus de 50 % de toutes les volailles du Canada sont contaminées par la salmonellose. Cela entraîne chez les humains qui consomment leur chair ou leurs œufs, certains malaises comme la diarrhée, les crampes d'estomac, la fièvre et les maux de tête. La campylobactère, une autre toxine présente chez la grande majorité des volailles, cause aussi la diarrhée et la gastro-entérite.

Les cancers dont souffrent les poulets peuvent être transmis aux humains. Le Dr Peyton Rous a découvert un virus cancérigène dans le poulet qui est très semblable à celui qu'on retrouve chez l'humain.

La maladie de Marek, une forme de leucémie causée par un virus affectant les globules blancs, est présente de façon endémique chez les poulets ainsi que dans les œufs. Ce virus ne produira pas nécessairement une tumeur cancéreuse, mais restera à l'état latent. Le Dr Olive Davis du *Perdu University School of Veterinary Medecine* a développé un cancer dans son propre système lymphatique après 20 ans d'études sur la maladie de Marek. Les cellules de sa tumeur étaient identiques aux tumeurs cancéreuses des poulets qu'elle étudiait.

Plus de 3 milliards d'oiseaux sont tués annuellement en Amérique du Nord pour la consommation humaine.

En route vers l'abattoir

Après leur existence misérable dans ces camps de concentration de l'élevage intensif, les animaux doivent subir l'épreuve des encans et du transport vers l'abattoir.

Pendant des heures, voire des jours, privés de nourriture, les animaux sont entassés dans des camions ouverts sur les côtés et qui laissent entrer le vent, la pluie, la neige et les intempéries. Battus à coups de pied, traînés sur le sol, dirigés par des bâtons électriques, entrés, sortis brutalement des camions, les bovins, les cochons ou les volailles meurent souvent avant d'arriver à destination. Quand ils y parviennent, plusieurs d'entre eux sont malades, infirmes, apeurés et en état de choc.

Dans un récent échantillonnage canadien, sur 3,000 poulets on a décelé que 981 avaient les os brisés et que dans la moitié des cas, cela était dû à la manipulation violente. Au Québec, *3 millions de volailles* trouvent la mort en transit vers l'abattoir. Les porcs quant à eux, succombent à des attaques cardiaques et le « syndrome du stress porcin » les fait tomber raide-morts de peur dans des situations de détresse émotionnelle, en route vers ces temples de la violence, les abattoirs.

DES QUESTIONS ET DES RÉPONSES

Que ferons-nous de tous ces animaux si nous arrêtons de les manger? Ne deviendront-ils pas trop nombreux sur terre?

Les animaux de ferme ne deviendront pas trop nombreux si nous cessons de les manger car il n'y aura plus la nécessité de les faire se reproduire intentionnellement, tel que nous le faisons maintenant. Les troupeaux sont inséminés artificiellement, choisis et manipulés génétiquement afin de les faire se reproduire par milliards à chaque année. Cette surpopulation diminuera naturellement à mesure que les gens cesseront d'en manger. Comme le mentionne si bien David Gabbe dans *Pourquoi les végétariens mangent-ils comme ça?*: « Les animaux de ferme peuvent être laissés à eux-mêmes; certains se débrouilleront bien, d'autres devront se battre pour survivre. Mais, comme tous les animaux (sauf l'humain), ils ajusteront leur nombre en accord avec les conditions qui prévaudront autour d'eux. »

En attendant, il faut se rappeler que nous, et non pas eux, sommes responsables de leur situation précaire. Nous avons donc l'obligation de trouver des moyens afin de faciliter la période de transition qui surviendrait pour ces animaux.

Les animaux de ferme ont été élevés pour la domestication. N'ont-ils pas ainsi perdu leurs instincts naturels? Ne peuvent-ils donc plus survivre par eux-mêmes? Si nous cessons de nous occuper d'eux, ne mourront-ils pas de faim et ne cesseront-ils pas de se reproduire?

D'un côté, nous avons peur que les animaux de ferme envahissent la terre. D'un autre côté, nous avons peur de leur extinction. Les poulets, les porcs et autres animaux de ferme accomplissent très bien leurs activités naturelles, qu'il s'agisse de creuser, labourer le sol, se reproduire, élever leurs petits, assumer une vie sociale, et ce, sans l'aide humaine. Les animaux sont beaucoup plus autonomes qu'on le croit généralement. Autrement, il serait préférable que des créatures affligées d'autant de défauts créés par l'homme, n'aient jamais vu le jour. Les gens qui croient que c'est normal d'emprisonner des animaux génétiquement affaiblis et qui ensuite deviennent pointilleux quant à leur extinction, sont portés soit au cynisme ou à la sentimentalité.

La réclusion est-elle si terrible? Après tout, les fermiers protègent leurs animaux de la mauvaise température et des prédateurs tout en leur fournissant la nourriture, l'eau et l'abri. C'est mieux que de vivre une vie sauvage.

Les marchands d'esclaves disaient aussi autrefois qu'il est préférable d'être esclave dans un monde chrétien civilisé que d'être en liberté dans la jungle. La même rationalisation est utilisée pour justifier l'expropriation des autres espèces. Les producteurs disent au public que les animaux de ferme préfèrent avoir « trois repas par jour » que de vivre une vie sauvage. En fait, ce que signifie vivre une « vie sauvage » pour un humain signifie vivre dans des régions de la terre qui seraient inhospitalières pour l'homme ainsi que des modes de vie étrangers à la nature humaine. Vivre à l'état sauvage n'est pas sauvage pour les animaux qui y vivent. C'est leur foyer. Les animaux confinés entre des murs sont forcés de vivre à la manière humaine et non pas à leur manière. S'ils préféraient vivre entassés les uns sur les autres, sans contact avec le monde extérieur, alors nous n'aurions pas à dépenser autant pour leur faciliter la réclusion car ils s'entasseraient volon-tairement les uns sur les autres et cela nous sauverait de l'argent.

Il est illogique de prétendre que les humains protègent les animaux de ferme contre leurs prédateurs. De plus, en les confinant, ils deviennent victimes d'autres genres de prédateurs sous forme de parasites et d'autres organismes qui apportent des maladies qu'ils ne rencontreraient pas autrement. En les enfermant, nous les empêchons d'utiliser leurs habiletés instinctives de se défendre, de telle sorte que, lorsqu'un prédateur (le fermier par exemple) les approche, ils ne peuvent fuir. Des millions d'animaux meurent à cause du stress de la chaleur et d'autres conditions climatiques dues au confinement intensif. L'impossibilité de faire de l'exercice à cause de l'espace réduit, inflige aux animaux de ferme un stress pathologique qui affaiblit le système immunitaire. Cela prend un esprit bien mal tourné pour prétendre que l'apathie et l'atrophie sont bénéfiques à l'animal.

Si les animaux de ferme sont si maltraités, pourquoi produisent-ils autant? N'arrêteraient-ils pas de produire viande, lait et œufs, s'ils étaient traités de façon aussi inhumaine qu'on le prétend?

Les animaux de ferme peuvent être sévèrement maltraités

et continuer à se reproduire quand même, comme des humains trop gras, sexuellement actifs, sont encore capables de procréer. Les animaux de ferme ont la capacité de s'adapter à un point tel, qu'ils peuvent vivre dans des endroits misérables et dans des conditions de camps de concentration.

Est-ce que cela est un argument en faveur des taudis et des camps de concentration pour autant? Les animaux de ferme ne prennent pas de poids, ne pondent pas d'œuf et ne produisent pas de lait parce qu'ils sont confortables, contents, ou parce qu'on prend bien soin d'eux mais parce qu'ils sont manipulés spécifiquement à cet effet au moyen de la génétique, des médicaments et par des techniques appropriées. Par exemple, les producteurs d'œufs stimulent artificiellement la production d'œufs en laissant les poules sous des lampes allumées de 16 à 17 heures par jour de façon à stimuler leur glande pituitaire pour qu'elle sécrète plus d'hormones, ce qui active la production d'ovules.

Les animaux de production agricole sont tués très jeunes, avant que la maladie et la mort ne les aient décimés comme le feraient de toute façon tous les médicaments qu'ils absorbent. Malgré le nombre d'individus qui souffrent et meurent dans les fermes d'élevage intensif, au bout du compte cela ne paraît pas trop car sur le total – des milliards – ces pertes sont économiquement négligeables puisque le volume de chair, de lait et d'œufs est anormalement élevé.

Quelle différence cela fait-il que les animaux de ferme meurent – ne vont-ils pas mourir de toute façon?

Déjà le fait de s'interroger sur la pertinence de leur procurer une vie décente avant de les tuer, devrait nous inciter à cesser de les élever pour s'en nourrir. Le fait qu'ils vont mourir un jour ou l'autre ne justifie ni la manière dont on les maltraite pendant qu'ils sont en vie, ni l'acte de les tuer délibérément (nous allons tous mourir, devons-nous en anticiper le processus pour autant?). Le « manque de respect » pour nos victimes est l'expression qui décrit le mieux notre comportement et notre attitude. Il est méprisable de prétendre que les humains n'ont aucune responsabilité devant un être mis au monde simplement pour souffrir et mourir pour eux. La situation nous concerne car nous avons des obligations envers ceux qui sont à notre merci. (Réf. : *United Poultry Concerns Inc.*, États-Unis)

LA SOUFFRANCE DE LA CAROTTE...

« La paix dans le monde, ou tout autre sorte de paix, dépend beaucoup de l'attitude de l'esprit. Le végétarisme peut donner la bonne attitude mentale pour obtenir la paix. Dans ce monde de haine et de luxure, d'avidité et de colère, de force et de violence, le végétarisme montre le chemin de la vie, qui, s'il est pratiqué universellement, conduira vers une communauté de nations meilleures, plus justes et remplies de paix. » (Tankin Nu)

Comme nous venons de le voir, les animaux destinés à la consommation humaine subissent une vie pleine de douleurs et de souffrances, de leur naissance à leur mort. Certains diront que les plantes elles aussi souffrent...

Il est vrai que l'humain doive détruire certaines formes de vie afin de survivre. Cependant, nous infligeons moins de souffrance en mangeant une carotte qu'une vache. Le niveau de conscience de l'un et de l'autre est différent. L'animal, comparé à la plante, possède un système nerveux très complexe qui lui fait ressentir de grandes douleurs émotives et physiques. Contrairement à la plante, l'animal démontre des émotions. Il tentera de s'échapper afin de conserver sa vie et, quand il est blessé ou malade, il peut pleurer ou hurler. Une mère animale protégera son petit, par amour. La carotte peut-elle s'enfuir, crier ou mordre? Quand on la caresse, est-ce qu'elle ronronne?

Si jamais nous entendions les cris d'une carotte, d'un chou ou d'une salade, lors d'une récolte au jardin, cela voudra peut-être dire que nous serons prêts à nous nourrir exclusivement d'énergie et de lumière.

Et même si les plantes étaient aptes à ressentir des émotions, l'alimentation végétarienne réduirait la souffrance globale du règne, puisque le végétarien ne consomme pas, en plus, les végétaux ingérés par les animaux. Effectivement, le carnivore en consomme doublement (ses légumes d'accompagnement ou autres, plus ceux digérés par le bétail) : il faut donner au bœuf, par exemple, 8 kilos de céréales pour produire 450 grammes de viande.

Au niveau planétaire, une alimentation végétarienne donne à notre Terre Mère une chance de survivre, car elle ne lui impose pas de nourrir des milliards d'animaux avides de céréales, d'eau et de pâturages. Il y a moins de violence à couper une carotte, pas de sang répandu, pas d'abattoir ni d'yeux pleins de peur devant le couteau tranchant.

SI LES MURS DES ABATTOIRS ÉTAIENT TRANSPARENTS...
LE MONDE ENTIER SERAIT VÉGÉTARIEN !

« Vous venez de terminer votre repas et bien que l'abattoir soit dissimulé à une multitude de milles, il y a quand même une complicité entre vous et lui. » (Ralph Waldo Emerson)

Le bœuf noir et blanc qui attend en-dehors de l'abattoir s'appelle Angus, le nom du dieu celtique de l'amour. Il pèse environ 1100 lbs et a vécu sa vie de 19 mois sur une ferme canadienne. Comme il s'approche de l'abattoir, il bouge de gauche à droite sur ses pattes de devant et l'expression de son visage reflète ce qu'on appellerait en termes humains, de l'angoisse. L'assommeur place un pistolet assommeur sur le point entre les yeux clignotants du bœuf et tire une cartouche noire. Les balles ordinaires ne sont pas utilisées car le cerveau du bœuf sera vendu pour la consommation. Le bœuf tombe immédiatement sans bruit sur le sol. La métamorphose de l'animal vivant en viande enveloppée de cellophane vient de commencer.

Les pattes arrière du bœuf sont d'abord attachées ensemble, puis à une chaîne qui le hissera. Ceci se fait avec beaucoup de difficulté pour le bœuf. Bien que silencieux, les yeux vitreux, l'animal essaie de ruer et donne des coups. Une fois attaché à la chaîne et hissé, l'animal est glissé à travers l'abattoir, la tête en bas, jusqu'au-dessus d'un réservoir de ciment. L'abatteur aiguise un long couteau et, ensuite, d'un geste rapide, coupe la gorge de l'animal. Le sang se met à couler dans le trou comme de l'eau qui sortirait d'une immense poche. Le bœuf ne réagit que par trois soubresauts de la tête. Le sang jaillit dans un flot régulier pendant plusieurs minutes et remplit le trou jusqu'à une hauteur de trois pouces. À ce point, le bœuf saigne à mort. Il n'y a aucun son, si ce n'est la radio qui diffuse une musique gospel ; et l'air est saturé de l'odeur sucrée du sang.

L'abatteur porte de longues bottes et un tablier de caoutchouc, qu'il arrose fréquemment avec un boyau pour ôter le sang. Le sang couvre ses mains et ses bras, et des éclaboussures couvrent son visage et son cou. Il marche dans la piscine fumante de sang chaud et étête le bœuf. La tenant par une de ses cornes, il transporte la tête dégoulinante jusqu'à un baril où gisent d'autres têtes. La carcasse sans tête est retirée jusqu'à un bloc de métal peu élevé, qu'on appelle un berceau, où deux autres travailleurs l'étendent sur le dos. Les pattes qui se tiennent droites en l'air sont coupées et le boeuf est écorché proprement, de l'arrière vers le devant. L'animal est éviscéré et ses entrailles sont retirées et pendues séparément – le foie avec les foies, le coeur avec les coeurs, la queue avec les queues, la langue avec les langues. Les hommes travaillent rapidement et avec la même indifférence que des ouvriers qui fabriquent de la dynamite.

Ils arrêtent fréquemment pour s'arroser ainsi que leur coin de travail. Pendant ce temps, le premier abatteur utilise une vadrouille pour pousser le sang vers un petit drain situé dans le réservoir de ciment. La carcasse sans tête, sans peau, est encore hissée sur un levier mécanique et, en commençant par l'arrière-train, un travailleur la découpe en deux à l'aide d'une scie puissante. Il en résulte deux moitiés de bœuf qui sont arrosées pour nettoyer le sang, et pendues dans la chambre réfrigérée. Plus tard, on en fera boucherie et on leur donnera des noms comme : surlonge, ronde, poitrine, côtes, croupe, jarret, flanc et paleron. L'animal de 1100 lbs donnera 600 lbs de viande. Chaque pièce sera pesée, étiquetée, placée sur un plateau de styrofoam et enveloppée de cellophane. Les gens les achèteront, les cuiront, les garniront et les mangeront. (Source : *Ark II*)

> « On dit souvent : de toute façon, ça ne changera pas grand-chose à toute cette horreur, si moi tout seul j'arrête de manger de la viande. Ceci est faux et manque d'ingéniosité. Premièrement, cela fera une différence parce que même en mangeant une ou deux livres de viande de moins par jour, dans peu de temps, cela équivaudra au poids d'un animal. Deuxièmement, ce n'est pas une question de quantité mais d'une complicité dans un crime ; et si vous partagez la conséquence d'un crime, vous participez à sa lucrativité et vous devez donc en partager la culpabilité. Aucun homme honnête ne peut dire le contraire. Mais quand on s'attaque aux bas instincts de l'homme, on peut s'attendre à de la malhonnêteté de sa part et à son désaccord à admettre les faits tels qu'ils le sont. Mais on ne peut nier que ce carnage inutile et horrible est en effet un crime épouvantable. » (C.W. Leadbeater)

TROISIÈME PARTIE
TRANSFORMATION PLANÉTAIRE

« Une des premières lois de l'écologie nous enseigne que chaque chose vivante a sa raison d'être, une mission à accomplir et certaines fonctions afin d'y arriver. Les premiers enseignements de l'AHIMSA – de même que ceux de l'écologie moderne – nous ont appris que la Terre est un « corps » et que toute chose vivant sur ce corps constitue une partie du tout. Si ce « corps » doit survivre, nous devons apprendre à le respecter, nous efforcer à aimer et respecter aussi toutes les formes de vie avec lesquelles nous partageons ce système planétaire. » (Nathaniel Altman)

LES PESTICIDES DANS L'ALIMENTATION

Pesticide est un terme générique désignant une substance destinée à contrôler, détruire ou repousser un organisme vivant jugé nuisible. Les insecticides, les fongicides et les herbicides sont des pesticides conçus pour éliminer respectivement les insectes, les champignons microscopiques et les mauvaises herbes.

Les pesticides contaminent l'air, l'eau, les sols et les aliments que nous mangeons. Ils représentent un danger potentiel pour les humains, les animaux et l'environnement.

À chaque heure dans le monde, 55 personnes s'empoisonnent à cause des pesticides qu'ils manipulent et, 5 en meurent. Au Québec, la vente des pesticides a augmenté de 21 % entre 1982 et 1992. L'agriculture en est le principal utilisateur, monopolisant 78 % des achats.

Du fait de la bioconcentration, les animaux accumulent dans leur chair les produits chimiques dont on arrose leur alimentation. Lorsqu'ils broutent dans les champs, ils absorbent en plus les substances contaminantes liées à la pollution, tels que le BPC, le mercure, le cadmium, le strontium, etc. Poulets, dindes, orignaux, caribous et chevreuils ont un taux très élevé de cadmium dans leur foie.

Voici quelques données plutôt alarmantes :

· 99 % du lait maternel des femmes Nord-Américaines contient du DDT. (un constat désolant, quand on pense que seulement 8 % du lait des femmes Nord-Américaines végétariennes renferme un faible niveau de DDT; ceci démontre que la principale source de DDT provient des produits animaux ingérés par la mère);

· des chercheurs de l'Université Laval ont établi un lien possible entre le cancer du sein et les organochlorés (les femmes cancéreuses, dans cette étude, présentaient des taux singulièrement élevés de DDE – un sous-produit du DDT – un pesticide pourtant aboli au Canada depuis près de 20 ans; il pourrait y avoir aussi un lien entre le cancer de la prostate et les pesticides);

· le pourcentage du pesticide Dieldrin ingéré par les nourrissons Nord-Américains est 9 fois plus élevé que le niveau permis;

· aux États-Unis, le bœuf a le plus haut pourcentage de résidus de pesticides. 90 % de tous les pesticides utilisés le sont pour le maïs

et la fève soja qui servent à nourrir le bétail;
· on estime que plus de 90 % de tous les résidus de pesticides se retrouvent dans les produits animaux. Les fruits, les légumes et les céréales en recèlent moins de 10 %;
· la viande, la volaille, le poisson, les produits laitiers et les œufs demeurent donc les sources principales d'accumulation de pesticides.

Les substances toxiques ou les accumulations de produits nocifs peuvent ainsi causer des problèmes de santé allant jusqu'à l'empoisonnement aigü. Les symptômes : nausées, vomissements, diarrhées, engourdissements, faiblesse musculaire, vision embrouillée, pouls rapide. Des effets à long terme se produisent sur le système nerveux : fatigue, convulsions, et ainsi de suite. En plus d'être toxiques, les pesticides sont cancérigènes et affaiblissent le système immunitaire.

Laissons la conclusion à un spécialiste en la matière, l'environnementaliste Lewis Regenstein : « Aux États-Unis, la princi-pale cause d'intoxication aux pesticides et autres produits toxiques est la consommation d'aliments riches en matières grasses comme la viande et les produits laitiers. Un régime végétarien, ou un régime qui fait peu de place à ce genre de produits, permet de réduire substantiellement notre exposition à la plupart de ces agents cancérigènes. »

POISSONS ET AUTRES ANIMAUX MARINS

« Les poissons sont des animaux possédant un cerveau bien développé et un système nerveux apte à ressentir la douleur tout autant que les autres vertébrés. » (Patty Mark)

Certains se disent végétariens(nes) mais consomment tout de même du poisson. Pourtant, le poisson est un être vivant. D'autres font sa promotion pour remplacer la viande et affirment qu'il est bon pour la santé, source de B_{12}, de protéines et de cet acide gras essentiel, l'$Omega_3$, sensé protéger contre les maladies cardiaques.

En ne mangeant pas de poisson, les végétarien(nes) n'ont pas à s'inquiéter d'un manque d'$Omega_3$, car les noix, les graines et l'huile de lin en contiennent (le lin : 18 à 24 % d'$Omega_3$, le poisson : moins de 2 %).

En fait, en éliminant le poisson de son alimentation, on évite du même coup une grande contamination aux pesticides, aux résidus de pollution, aux toxines de toutes sortes ainsi qu'une source de cholestérol. De plus, le poisson est fortement putrescible. Après son ingestion, la hausse de l'excrétion urique est immédiate et persiste plusieurs jours ; l'acide urique accumulé s'élimine difficilement et elle prédispose à l'apparition de calculs qui se localisent dans les reins, la vessie et les articulations. Tout comme les crustacés et les mollusques, le poisson peut causer des allergies graves, souvent de type urticarien.

La consommation de poisson est reliée à l'hépatite, à la salmonelle et au choléra. Le poisson en conserve peut provoquer le botulisme dont les symptômes sont : la nausée, les douleurs abdominales et la vision double. Le poisson est souvent infesté de vers, et mal cuit, il peut donner le ver solitaire.

Contamination globale

Des résidus de la pollution se retrouvent autant dans le poisson, sinon plus, que dans tout autre animal d'élevage, en partie à cause de la très longue chaîne alimentaire. Celle-ci augmente la bioconcentration en produits toxiques. On estime que le poisson emmagasine dans son organisme jusqu'à 100 000 fois les résidus de pollution qui contaminent les eaux dans lesquelles il nage.

Voici un aperçu de la gravité de la situation :
· en aval des Grands Lacs, à la fin des années 80, les laboratoires fédéraux américains ont détecté quelques 476 produits chimiques dans la chair des poissons ;
· de tous les poissons analysés dans le fleuve Saint-Laurent, c'est l'anguille qui montre le niveau de contamination le plus élevé, notamment par la présence de BPC et de Mirex (il est fortement recommandé aux femmes enceintes ou qui allaitent, ainsi qu'aux jeunes enfants, de s'abstenir de manger ce poisson) ;
· le DDT est interdit aux États-Unis depuis 1972 mais, en 1983, on en détecta dans plus de 90 % du poisson testé ;
· une boîte moyenne de thon en conserve contient 15 microgrammes de mercure ;
· on administre de grandes quantités d'antibiotiques aux poissons élevés en pisciculture ;
· les poulets et les œufs renferment des quantités toxiques de BPC lorsque les volailles sont nourries avec du poisson. Selon John Robbins, le cheptel américain consomme plus de poisson que tous les Européens de l'Ouest réunis.

Toutes ces substances contaminantes tels que les métaux lourds (mercure, cuivre, zinc, arsenic, cadmium), les dioxines, les furanes et les pesticides organochlorés (BPC, DDT, HCB, Deldrine) sont considérés comme cancérigènes. Ils peuvent affecter le foetus et se retrouvent dans le lait maternel.

Les pesticides organochlorés, par exemple, s'accumulent dans les graisses, les viscères et la peau du poisson. Chez l'humain, ces contaminants modifient le fonctionnement du foie et mènent au cancer de l'organe. Ils traversent la barrière placentaire et, en raison d'un effet hormonal, peuvent affecter la fécondité. Le lait maternel est une des voies d'excrétion des organochlorés.

Des dioxines et des furanes ont été détectés dans les poissons capturés en aval d'usines de pâtes et papiers utilisant le procédé de blanchiment au chlore.

Pour ce qui est du mercure, il provient des activités humaines (agricoles et industrielles). Le brochet, le doré, le maskinongé, l'estur-geon, l'espadon, la barbotte, le requin, le thon demeurent les poissons les plus contaminés par la pollution mercurielle.

Le temps requis pour que le corps humain élimine la moitié

du mercure qu'il contient est de 70 jours. Une partie de cette substance s'accumule dans le cerveau et peut causer des dommages importants au système nerveux. Parmi ces troubles nerveux, on remarque les tremblements et des troubles sensoriels tels que la surdité et le rétrécissement du champ visuel. Le mercure traverse le placenta pour atteindre le cerveau du fœtus. Il contamine les nourrissons par le lait maternel.

Crustacés et mollusques

La contamination environnementale touche aussi les crustacés et les mollusques particulièrement par le cadmium et l'arsenic. Les moules, les pétoncles et les huîtres, en bons filtreurs, accumulent dans leur tube digestif certains virus associés aux matières fécales humaines provoquant, entre autres, l'hépatite virale. Le homard en bon charognard détrivore est le vidangeur de la mer avec tout ce que cela implique. Dans le cancer du sein et du gros intestin, les mollusques et les crustacés contaminés par les eaux d'égouts pourraient être mis en cause.

De nouvelles toxines contaminantes apparaissent dans les mollusques. En décembre 1987, des centaines de personnes ayant consommé des moules de l'Île-du-Prince-Édouard furent intoxiquées.

Trois personnes, après plus de dix jours de convulsions et de troubles nerveux très graves, en moururent. Cette toxine d'abord indentifiée au Japon se nomme « acide domoïque » et provient d'une algue, la candria.

Cuisses de grenouilles

On consomme chaque année 800 millions de cuisses de grenouilles, dont la grande majorité provient de l'Indonésie et du Bengladesh. Les batraciens sont le plus souvent découpés vivants. De plus, les grenouilles ayant un rôle vital dans l'environnement, les pays exportateurs doivent utiliser des pesticides afin de lutter contre les insectes qui ravagent les cultures faute de grenouilles.

L'industrie de la pêche

En mangeant du poisson, on tue aussi une multitude d'animaux marins attrapés dans les filets des pêcheurs. Les filets servant à capturer les crevettes, par exemple, sont très meurtriers;

pour chaque crevette pêchée, plus de 7 animaux marins capturés. En 30 ans, la pêche au thon a massacré plus de 7 millions de dauphins, sans parler des baleines et des oiseaux de mer, eux aussi exterminés par l'industrie de la pêche.

Cette industrie vide littéralement les océans, une ressource qu'on croyait inépuisable il n'y a pas si longtemps. En 1960 : 35 millions de tonnes de poissons pêchés. En 1990 : 95 millions de tonnes métriques. À cause de cette surpêche, des espèces de poissons disparaissent et l'alimentation des mammifères marins (baleines, oiseaux, etc.) devient problématique.

On accuse à tort les phoques d'être une menace pour les stocks de morues, entre autres. Le béluga fut aussi mis au banc des accusés dans les années 30. Il était responsable, selon les pêcheurs, de décimer la population du saumon de l'Atlantique. Le gouvernement du Québec offrait alors une prime de 15 $ pour chaque partie de lobes caudaux de bêtes tuées. Cette chasse causa la mort de plus de 14 500 bélugas. 50 ans et des poussières plus tard, ce mammifère est en voie de disparition... L'humain veut « gérer » les écosystèmes alors qu'il n'en connaît pas vraiment les mécanismes.

Les vrais coupables demeurent la pêche, la pollution et ceux qui encouragent cette industrie, les consommateurs de poissons.

De par le monde, les pêcheurs commerciaux déversent 22 000 tonnes métriques d'emballage de plastique par année et 450 000 contenants de plastique par jour. Ils rejettent des tonnes de bouées, de lignes et de filets. Un nombre considérable d'animaux marins – dauphins, baleines, marsouins, loutres, tortues et phoques – ainsi que des oiseaux et des poissons meurent étouffés après avoir avalé ces débris ou s'y être empêtrés. Ils se mutilent et se noient dans de grandes souffrances.

La consommation du poisson est néfaste pour l'humain, et met en péril les océans et leurs habitants.

VÉGÉTARISME ET CONSCIENCE PLANÉTAIRE

« La plupart des gens ne sont pas au courant des effets dévastateurs que les troupeaux d'élevage ont sur les écosystèmes de la planète et l'avenir de la civilisation. L'élevage de troupeaux et la consommation de bœuf se rangent parmi les menaces les plus importantes au bien-être sur terre de sa population humaine. » (Jeremy Rifkin)

La consommation de produits animaux est reliée à une multitude de problèmes environnementaux. Sur le plan écologique, notre civilisation de la viande est une catastrophe. Pollution, gaspillage de l'énergie et des ressources naturelles telles que l'eau et les céréales, le déboisement, l'érosion des terres de surface, la famine, la perte de la biodiversité, voilà ce que globalement l'industrie de la viande apporte à notre planète dévastée.

Au Canada, plus de 400 millions d'animaux finissent annuellement à l'abattoir. C'est 15 fois sa population humaine.

De par le monde, selon le World Resources Institute, 1,3 milliard de vaches, 1,8 milliard de moutons et de chèvres, 17 milliards de poulets (dont 11 en Asie), habitent notre planète.

Pollution par les excréments

Selon un bilan environnemental récent, sur dix des principaux tributaires du fleuve Saint-Laurent, les rejets d'azote et de phosphore d'origine agricole équivalent respectivement à 48 000 et 16 400 tonnes par année. Ces deux valeurs correspondent à la charge polluante de rejets non traités d'une population de *7,3 millions de personnes pour l'azote et de 10 millions de personnes pour le phosphore*. Ces excédents de phosphore et d'azote contribuent aux pluies acides et favorisent la prolifération de plantes et d'algues, ainsi que la désoxygénation des eaux et la mort des poissons et autres organismes marins.

Au Québec, le milieu agricole produit chaque année *24 millions de tonnes de fumier* de toutes sortes, soit l'équivalent d'un quart de million de camions à déneigement remplis à ras bord.

90 % de la production des porcs et des œufs du Québec passent par 3000 producteurs qui épandent des quantités de fumier sans commune mesure avec la capacité de digestion des

sols à leur disposition. Pas moins de 65 % des producteurs produisant plus de 1000 porcs par an manquent de sols pour épandre les déjections produites dans leurs exploitations et 80 % des éleveurs de plus de 5000 poules pondeuses sont dans la même situation.

Céréales et famine

« Le fait est qu'il y a suffisamment de nourriture pour nourrir tout le monde sur la terre. Mais tragiquement, la majorité de la nourriture et des ressources sont liés à la production du bœuf et autres denrées similaires – ce qui constitue uniquement la nourriture des bien nantis – alors que des millions d'enfants et d'adultes souffrent de malnutrition et de faim. » (Dr Walden Bello)

Quelques statistiques révélatrices :

· 1,3 milliard d'humains pourraient être nourris avec les céréales utilisées pour engraisser le bétail des États-Unis ;

· un adulte asiatique consomme de 136 à 181 kg de céréales par année alors qu'un Nord-Américain ingurgite 900 kg de grains annuellement dont 90 % provient des animaux de boucherie nourris aux céréales ;

· un acre de surface cultivable produit 70 kg de bœuf ou 10 000 kg de pommes de terre ;

· pour nourrir un végétarien, il faut *un demi acre de terrain ou moins*, pour un carnivore : *4 acres* ;

· sur une même surface de terre, *16 végétariens* (sans produits laitiers) peuvent puiser leur nourriture et leur eau ; cette même surface ne nourrit que *1 carnivore* ;

· un acre pour l'élevage du boeuf nourrit 1 personne pendant *77 jours* ; un acre de soja nourrit 1 personne pendant *2224 jours*. (Selon Soyafax du Royaume-Uni)

· les céréales requises pour *100 vaches* nourriraient *2000 humains*.

· nombre de kilos de céréales pour la production de 450 g de :

bœuf	*8,0*
porc	*3,0*
dinde	*2,0*
poulet	*1,5*
œuf	*1,5*

Notre façon de vivre est lourde de conséquences:

· si chaque habitant de la terre consommait autant de viande qu'un Nord-Américain, le bétail devrait consommer une telle quantité de céréales, qu'une grande part de l'humanité n'aurait plus rien à manger.

· 15 millions d'enfants qui meurent de faim chaque année.

Eau

Il faut une quantité phénoménale d'eau potable pour abreuver les animaux et ensuite procéder à leur abattage:

· un abattoir de volailles au Québec abat en moyenne plus de 25,000 poulets par jour et l'abattage d'un seul poulet entraîne la consommation d'une vingtaine de litres d'eau;

· la quarantaine d'abattoirs de volailles québécois rejette 20 millions de litres d'eau usée par jour et produit une charge organique équivalente de 8500 kg, soit la charge d'une ville de 157 000 habitants;

· un bœuf boit quotidiennement 57 litres d'eau.

· nombre de litres d'eau nécessaires pour produire 450 g de:

laitue	*80*
brocoli	*159*
riz	*950*
œufs	*2500*
fromage	*3391*
bœuf	*9326*

Énergie

Si toute la population du monde mangeait comme les Nord-Américains, toutes les ressources pétrolières planétaires seraient épuisées en l'espace de 13 ans.

Si nous changions nos habitudes alimentaires pour consommer plutôt des produits frais et des céréales, nous pourrions réduire nos importations de pétrole de 60 % et augmenter nos ressources d'énergie renouvelable de 150 %.

Depuis 50 ans, la population nord-américaine a doublé, alors que la consommation d'énergie utilisée pour la production alimentaire a quintuplé. La majeure partie de cette augmentation est due aux produits d'origine animale.

Pollution chimique

Vaccins, antibiotiques, hormones, anabolisants, résidus de pollution et pesticides se retrouvent dans la chair animale :

· au Canada, 30 % de tous les antibiotiques vont aux animaux;

· plus de 29 différents antibiotiques sont permis pour le bétail : 10 pour l'agneau; 16 pour le porc et 10 pour le poulet; la tétracycline est administrée de façon routinière pour toutes les espèces animales; on administre les antibiotiques en capsule, par injection, en infusion intramammaire, intra-utérine ou en pommade; leur présence, même en faible concentration, favorise, dans la viande ou le lait, le dévelop-pement de microbes pathogènes résistants ainsi que des allergies; les humains qui consomment des antibiotiques, via les produits animaux, développent des souches de bactéries résistantes;

· pour contrer les 500 espèces d'insectes et acariens qu'on retrouve dans les fermes, plus de 574 préparations chimiques sont offertes aux consommateurs par une quarantaine de compagnies pharmaceutiques; traitements antiparasitaires contre les vers gastro-intestinaux, du poumon et de l'estomac, contre la teigne et les poux; 85 % des produits sont vendus *sans* contrôle vétérinaire; un marché de 40 millions de dollars;

· l'hormone Zeranol est bannie en Europe mais largement utilisée au Canada;

· des stimulants de croissance et des anabolisants sous forme d'implants sont insérés sous la peau des animaux;

· on ajoute à l'alimentation des animaux, des produits hormonaux afin de supprimer ou de faire apparaître les chaleurs;

· la somatotropine bovine recombinante (STB), une hormone synthétique, est injectée aux vaches et accroît leur production annuelle de lait de 10 à 15 % ; elle rend les bêtes vulnérables à la mammite et les vaches injectées doivent être traitées par des antibiotiques; certains croient que l'hormone synthétique pourrait augmenter les risques de cancer du sein chez les femmes mais aussi chez les bébés et les enfants de sexe féminin ; aux États-Unis, la vente de la STB est autorisée, mais au Canada, on a institué un moratoire d'un an (en 1994) pour sa commercialisation;

Perte de la biodiversité

La voracité n'a pas de limite :

· près de la moitié des terres cultivables de la planète servent de pâturages pour le bétail ;

· un quart de livre de viande de bœuf importée d'Amérique Latine exige le déboisement de 6 m^2 de forêt tropicale et la destruction de 75 kg de matière vivante, incluant différentes espèces de plantes, 100 espèces d'insectes, des douzaines d'oiseaux, de mammifères et d'espèces de reptiles ;

· le Canada importe chaque année du Brésil, 1,6 millions de kilos de bœuf.

· afin de créer des fermes et des espaces pour les pâturages, de grandes surfaces sauvages sont détruites déplaçant ainsi des plantes et des animaux sauvages ; au Québec et ailleurs, on élimine sans merci des animaux sauvages – coyotes, loups, ours, renards, chiens de prairies – parce qu'ils sont considérés comme *nuisibles* par les éleveurs de bétail.

Nos choix alimentaires individuels ont une répercussion planétaire.

PASSER À L'ACTION...

« Une personne qui a peur de changer ses habitudes de vie, et particulièrement sa façon de manger et de boire, parce qu'elle a peur d'être vue par les autres comme une excentrique, une bizarre ou une fanatique, oublie que son corps lui appartient de même que la responsabilité de son bien-être et que cela n'incombe justement pas aux autres. » (Dr Paul Brunton)

Visitez un abattoir ou visionnez des cassettes-vidéo démontrant l'horreur des tueries d'animaux. C'est une expérience qui ouvre les yeux de beaucoup de gens. Vous pouvez aussi visiter des fermes pratiquant l'élevage intensif de porcs, de poulets, etc.

Lisez des livres et du matériel éducatif d'associations telles que AHIMSA ou autres. Assistez à des conférences, à des ateliers sur l'alimentation végétarienne. Suivez des cours de cuisine. En devenant plus informé, vous serez plus apte à répondre aux questions qu'on ne manquera pas de vous poser sur votre alimentation.

Répondez aux questions avec patience, avec votre coeur et ne jugez pas ceux qui mangent différemment de vous.

Invitez des amis ou votre famille à un repas spécial de célébration afin qu'ils sachent les changements apportés à votre alimentation.

Rappelez-vous que les gens peuvent changer. Il y a cent ans, l'esclavage était légal. Les femmes n'avaient pas le droit de vote, il n'y a pas si longtemps.

Réfléchissez au fait que la nourriture est liée aux émotions, aux habitudes et aux convenances sociales, culturelles ou familiales. On mange de la dinde à Noël, du jambon à Pâques et la mélancolie nous envahit en pensant au « pâté chinois » de notre enfance. Il est sain de se défaire des idées toutes faites et de traditions qui ne nous conviennent plus.

Vous pouvez commander un repas sans viande sur toutes les grandes lignes aériennes. Avertissez votre agent de voyage 24 heures avant votre vol.

Au restaurant, demandez au serveur les plats sans viande. Orientez votre choix vers le riz, les pâtes, les salades, les pommes de terre et autres légumes. Les restaurants ethniques tels que chinois, libanais, indiens, italiens et mexicains offrent des options végétariennes très intéressantes.

Demandez à votre épicier d'offrir du tofu ou des céréales telles que le millet et le bulgur, et des fruits et des légumes de culture locale et biologique.

Si vous restez en région éloignée, formez un groupe d'achats et obtenez vos aliments d'une coopérative ou d'un distributeur en alimentation saine.

Ne croyez pas ceux qui clament qu'on ne s'improvise pas végétarien(ne), que le végétarisme est compliqué et que ses adeptes doivent faire attention aux carences nutritionnelles. La viande n'a pas besoin d'être REMPLACÉE, mais seulement ÉLIMINÉE. Les nutrition- nistes à la solde du puissant lobby des producteurs de viande et de produits laitiers propagent des faussetés sur le végétarisme et ses apports en calcium, en fer, en B_{12} et sur les protéines et autres éléments essentiels. Une alimentation à base de fruits, de légumes et de céréales comblent parfaitement nos besoins nutritionnels. Pas besoin d'un diplôme universitaire en nutrition pour devenir végétarien(ne). Certains abandonnent la viande radicalement, du jour au lendemain. D'autres y vont progressivement, à leur rythme. À VOUS de suivre votre intuition et d'y aller selon ce que VOUS croyez être bon pour votre organisme. Il faut se rappeler que c'est plutôt les carnivores qui risquent de graves carences nutritionnelles, avec une alimentation qui inclut des doses excessives de gras, de cholestérol, de protéines animales, de résidus de pesticides, d'hormones, d'antibiotiques, et des risques de contamination par des bactéries et des virus.

Si vous êtes depuis peu végétarien(ne), ne vous sentez pas coupable si à l'occasion vous mangez de la viande, du poisson ou de la volaille. Ne voyez pas cela comme un échec personnel mais plutôt comme une expérience transitoire à votre apprentissage de l'alimentation végétarienne.

> « Le végétarisme est une forme de boycott. Afin de rendre cet aspect de boycott plus effectif, nous ne devons pas avoir honte de refuser de manger de la viande. Un végétarien dans un monde omnivore doit toujours se justifier du pourquoi il a adopté cette alimentation étrange. Cela peut devenir irritant, voire même embarrassant, mais cela donne également l'opportunité de mettre les gens au courant de toutes les

cruautés commises et qu'ils ignorent peut-être. (C'est ainsi que j'ai connu l'existence des fermes d'élevage intensif, par un végétarien qui a pris le temps de m'expliquer pourquoi il ne mangeait pas comme moi). Si un tel boycott est la seule manière d'arrêter la cruauté, alors nous devons encourager le plus de monde possible à adopter une telle attitude. Et nous ne pouvons le faire qu'en donnant d'abord l'exemple nous-même. »
(Peter Singer)

Avec vos enfants

Faites un jardin avec vos enfants.

Donnez le bon exemple en préparant et en mangeant de la nourriture à base de céréales, de légumes et de fruits.

Parlez avec vos enfants des publicités faites à la télévision. Expliquez-leur que les gens qu'ils voient dans les commerciaux sont là pour vendre un produit, qu'ils sont payés pour le faire et jouent la comédie.

Expliquez-leur patiemment, simplement, de façon constante, les raisons de vos choix alimentaires. Parlez avec eux de la souffrance animale reliée à la consommation de la viande. Les enfants comprennent très bien la non-violence envers les animaux, surtout s'il y a un chien ou un chat à la maison.

Faites un lunch à votre enfant si celui-ci va à une fête où de la viande sera servie.

Faites vous-même la nourriture pour votre bébé. La meilleure nourriture solide à ajouter en premier dans l'alimentation est de la purée de fruits tels que bananes écrasées ou de la compote de pommes. Pourront être ensuite ajoutées des céréales non-allergènes comme le riz, l'orge ou l'avoine. Un peu plus tard, viendront les légumes et ce après que ceux-ci auront été parfaitement cuits, leur pelure ôtée et réduits en purée. Vous pouvez remplacer le lait de vache par du lait de soja, de riz ou de noix. Allaitez votre enfant le plus longtemps possible.

Soyez fier des démarches que vous entreprenez personnellement pour réduire ou même éliminer votre consommation de viande. Chaque geste que vous accomplissez dans la voie végétarienne est un pas vers un futur meilleur. Nous faisons tous partie de la solution pour une transformation humaine, animale, planétaire...

Souvenez-vous que votre évolution profite à l'humanité entière. Nous sommes tous interdépendants.
Visualisez, sentez que tous les êtres vivants sont UN.
Méditez sur la totalité et la synthèse.
Percevez l'équilibre écologique comme un tout.
Harmonisez-vous avec tous les règnes de la Création.
Comprenez que l'essentiel c'est l'amour.
Dites OUI à la vie.
Ayez confiance en l'Univers.
Soyez réalistes, demandez l'impossible.
Lâchez prise et la vie vous apparaîtra comme un réservoir infini d'énergie chargé de signes.
Devenez ouvert, réceptif, intuitif, souverain, autonome, libre.
Ignorez les manipulations extérieures – la famille, les amis, la société, les autorités médicales, la publicité – qui tentent de vous dicter quoi manger ou penser.
Créez votre propre réalité.
Soyez maître de votre destin.
Croyez en votre pouvoir.
Réalisez votre vision.
Choisissez dès maintenant la guérison, la santé, l'espoir.
Élargissez vos horizons, dépassez vos peurs, vos limitations et vos préjugés s'il y a lieu...
Transmettez et recevez la compassion, la tolérance, l'AHIMSA, la Lumière.
Considérez la beauté animale.
Aimez les animaux, ne les mangez pas.
Faites de la Terre un grand jardin, pas un abattoir.
Rêvez, cela vous mènera à la transformaction. Toutes les grandes réalisations furent d'abord rêvées.
Reliez-vous à tous les esprits pacifiques de l'Univers.
Imaginez la paix avec les animaux.
Écoutez votre conscience.
Connectez-vous à votre âme.
OUVREZ VOTRE CŒUR.

POUR EN SAVOIR PLUS

AHIMSA (Association Humanitaire d'Information et de Mobilisation pour la Survie des Animaux) est un organisme à but non lucratif qui oeuvre depuis 1987 pour la protection des animaux et le soutien de leurs intérêts, de leurs besoins et de leurs droits. AHIMSA informe et encourage les comportements pacifiques à l'égard des animaux et de la nature en général par la voie du coeur et de la compassion.

Bulletins AHIMSA, sur les animaux (3 $ chacun)
· La chasse
· Les animaux ont-ils une âme?
· La fourrure
· Ornithologie
· Alimentation et spiritualité
· Pour les animaux de laboratoire : liberté !
· L'alimentation végétarienne : une question de vie !
(Dossier sur l'élevage du bœuf)
· La Terre-Mer en détresse
(Dossier sur les poissons, les baleines, les bélugas, les dauphins)
· Les animaux ont-ils des droits?
(Dossier sur l'élevage du porc)
· L'animal un être spirituel
(Compassion envers les animaux dans l'hindouisme, le bouddhisme, le christianisme, le taoïsme, etc.)
· Nos compagnons préférés : les chiens et les chats...
· Un monde sans pitié : l'industrie de la volaille
(Dossier sur l'élevage du poulet, poules pondeuses, dindes, etc.)
· Le temps de la chasse
· Le castor

AHIMSA – Cuisine Végé (3 $ chacun) : Nos 1 et 2.
(plus de 40 recettes végétariennes, sans œufs ni produits laitiers)

« Au lieu de maudire l'obscurité, allume une chandelle. » (Confucius)

En devenant membre, vous recevez nos dépliants et nos bulletins. Votre contribution nous aide à rejoindre plus de monde et à faire circuler l'information. Nous regrettons de ne pas pouvoir émettre de reçus pour fins d'impôts.

AHIMSA
Ste-Rita, Qc.
G0L 4G0
(418) 963-5333

Je désire devenir membre :

15 $ 20 $ 30 $ autres ________ $

Nom : ______________________________

Adresse : ______________________________

____

ADRESSES UTILES

En milieu francophone

AHIMSA
(Association Humanitaire d'Information et de Mobilisation pour la Survie des Animaux)
Sainte-Rita, Qc G0L 4G0
Coordonnatrice : Marjolaine Jolicœur
(418) 963-5333

ANIMA
(Association contre la violence faite aux animaux)
C.P. 9182
Sainte-Foy, Qc G1V 4B1
(418) 650-5320

CARA
Université Concordia
1455, boul. Maisonneuve Ouest
Local H-637
Montréal, Qc H3G 1M8

DAUM
(Droits des Animaux de l'Université de Montréal)
7745-B, rue St-Denis
Montréal, Qc H2R 2E9
(514) 495-1584

COMITÉ DES OPPOSANTS À LA CHASSE DE VITAL
A/S Richard Chartier
6558-A, rue St-Denis
Montréal, Qc H2S 2R9
(514) 271-5473

PRESSE POUR LA LIBÉRATION DES ANIMAUX
620, rue St-Jean
B.P. 6607
Québec, Qc G1R 1P8

Professeure en cuisine végétarienne
Francine Quirion
(514) 374-7786

SQDA
(Société Québecoise pour la Défense des Animaux)
1645, boul. Maisonneuve Ouest
Bureau 215
Montréal, Qc H3H 2N2
(514) 932-4260

VITAL (contre la vivisection, la fourrure, etc.)
B.P. 243
Notre-Dame-de-Grâce, Qc H4A 3P6
(514) 631-7169 ou (514) 495-1584

En milieu anglophone

ACTION VOLUNTEERS FOR ANIMALS
110 Dewbourne Ave.
Toronto, Ont.
M6C 1Y7

AMERICAN VEGAN SOCIETY
Box H
Malaga, NY 08328
U.S.A.

ANIMAL ALLIANCE OF CANADA
221 Broadview Ave., Suite 101
Toronto, Ont.
M4M 2G3

ANIMAL DEFENCE LEAGUE OF CANADA
P.O. Box 3880, Station C
Ottawa, Ont.
K1Y 4M5

ARK II
P.O. 687, Station Q
Toronto, Ont.
M4T 2N5

BEYOND BEEF
1130 – 17th Street, Suite 300
Washington, D.C. 20036
U.S.A.

BUDDHISTS CONCERNED FOR ANIMALS
300 Page St.
San Francisco, CA 94102
U.S.A.

CANADIAN VEGANS FOR ANIMAL RIGHTS
620 Jarvis St. # 2504
Toronto, Ont.
M4Y 2R8

EARTH SAVE, TORONTO CHAPTER
3 Fermanagh Ave.
Toronto, Ont.
M6R 1M1

ETHICAL TREATMENT OF FOOD ANIMALS
1 Coulson Avenue
Toronto, Ont.
M4V 1Y3

JEWISH VEGETARIAN SOCIETY OF TORONTO
113 Baliol St.
Toronto, Ont.
M4S 1C2

LIFEFORCE
Box 3117
Vancouver, B.C.
V6B 3X6

NORTH AMERICAN VEGETARIAN SOCIETY
P.O. Box 72
Dolgoville, NY 13329
U.S.A.

OTTAWA VEGETARIAN ASSOCIATON
Box 4477, Station E
Ottawa, Ont.
K1S 5B4

PEOPLE FOR THE ETHICAL TREATMENT OF ANIMALS (PETA)
P.O. Box 42516
Washington, DC 20015
U.S.A.

PHYSICIANS COMMITTEE FOR RESPONSIBLE MEDICINE
5100 Wisconsin Ave., Suite 404,
Washington, DC 20016
U.S.A.

TORONTO VEGETARIAN ASSOCIATION
736 Bathurst St.
Toronto, Ont.
M5S 2R4

UNITED POULTRY CONCERNS INC.
P.O. Box 59367
Fotomac, MD 20859
U.S.A.

VEGETARIAN RESOURCE GROUP
P.O. Box 1463
Baltimore, MD 21203
U.S.A.

VEGETARIAN UNION OF NORTH AMERICA
P.O. Box 3-1071
Cambridge, MA 02238-1071
U.S.A.

BIBLIOGRAPHIE ET références

Titre/Auteur/Éditeur, Année, Lieu (GENRE)

Ahimsa (Dynamic Compassion)/Nathaniel Altman/Quest Book, 1980, États-Unis (CITATION)

Animal Connection/Agatha Thrash/New Lifestyle Books, 1983, États-Unis (NUTRITION)

Animal Liberation, A New Ethics For Our Treatments Of Animals/Peter Singer, Avon 1977, (ÉLEVAGE INTENSIF)

Appel du Grand Maître/Daryai Lal Kapur/Le Courrier du Livre, 1985, Paris (SIKHISME)

Autobiographie d'un Yogi/Paramahansa Yogananda/Adyar, 1973, France (HINDOUISME)

Autobiographie ou mes Expériences de Vérité/Gandhi/Quadrige, 1990, Paris (HINDOUISME)

Bhagavad-Gita/A.C. Bhaktivedanta SwamiPrabhupada/ E.Bhaktivedanta,1975,Paris (HINDOUISME)

Borduas Encyclopédie #3/Borduas, 1968, Paris (PHILOSOPHIE/RELIGION)

Bouddha et le Bouddhisme/Maurice Percheron/Du Seuil, 1956, France (BOUDDHISME)

Cathares/Michel Picar/Ma Éditions, 1986, Paris (CATHARISME)

Clé de l'Illumination Immédiate/Maître Ching Hai Wu Shang Shih/Infinite Light Publishing Co, 1993, Chine (BOUDDHISME)

Conscious Eating/Gabriel Cousens/Vision Books International, 1992, Californie (NUTRITION)

Dancing with Siva/Sivaya Subramuniyaswami/Himalayan Academy, États-Unis (HINDOUISME)

Dictionnaire des Femmes Célèbres/Lucienne Mazenod, Ghislaine Schœller/ Robert Laffont, 1992, Paris (PHILOSOPHIE)

Diet for a New World/John Robbins/Avon Book, 1993, New-York (NUTRITION)

Enseignement du Bouddha/Walpola Rahula/Du Seuil, 1961, France (BOUDDHISME)

Esclaves et Négriers/Jean Meyer/Gallimard, 1986, Paris (PHILOSOPHIE)

Extended Circle, A Commonplace Book of Animal Rights/Jon Wynne-Tyson/ Paragon House, 1985, New-York (CITATION)

Famous Vegetarians & their Favorite Recipes/Rynn Berry/Pythagorean Publishers, 1993, New-York (PHILOSOPHIE)

For the Vegetarian in You/Billy Ray Boyd/Taterhill Press, 1988, San Francisco (NUTRITION)

Goût Supérieur/Ed. Bhaktivedanta, 1983, Montréal (NUTRITION)

Guide de Consommation du Poisson de Pêche & Sportive en Eau Douce/ Gouvernement du Québec/1992, (POISSONS)

Hindouisme/K.M. Sen/Payot, 1961 (HINDOUISME)

Histoire de la Mystique/Hilda Graef/Du Seuil, 1972, France (CHRISTIANISME)

Histoire des Religions/Maurice Brillant/Bloud et Gay, 1953, France (RELIGION)

Inception of Universal Ethics in Ancient Asia and Modern America/Clay Lancaster/Warwick Publication, 1991, Kentucky (PHILOSOPHIE)

Kriya Yoga/Swami Hariharananda Giri/Adyar, 1984, France (HINDOUISME)

L'Âme des Animaux/Jean Prieur/J'ai Lu, 1991, Paris (PHILOSOPHIE)

La Quête, Splendeurs et Misères/Johanne Beaudoin/Mutation Globale, 1994, St-Colomban

La Sainte Bible,Traduite sous la direction de l'École Biblique de Jérusalem/ Du Cerf, 1955, Paris (CHRISTIANISME)

La Sagesse Antique/Annie Besant/Adyar, Paris (PHILOSOPHIE)

L'Évangile Essénien, Vivre en Harmonie avec l'Univers/E.Bordeaux Szekely/Ed. Soleil, Genève (PHILOSOPHIE)

Les animaux ont-ils une âme?/Gary Kowalski/Jouvence, 1993, Genève (PHILOSOPHIE)

Marguerite Yourcenar, qui êtes-vous?/Georges Jacquemin/La Manufacture, 1989, Lyon (PHILOSOPHIE)

Nonviolence to Animals, Earth and Self in Asian Traditions/Christopher Key Chapple/State University of New York-Press, 1993, New-York (RELIGION)

Nutrition Spirituelle/Dr. Gabriel Cousens/Vivez Soleil, 1986, Suisse (NUTRITION)

Pour éviter la fin du monde/Lanza del Vasto, Ed. La Presse, 1973, (PHILOSOPHIE)

Quatorzième Dalai Lama/Tenzin Gyatso/Olizane, 1994, France (BOUDDHISME)

Radical Vegetarianism/Mark Mathew Braunstein/Panjandrum, 1981, Los Angeles (NUTRITION)

Ramanuja et la Mystique Vishnouite/A.M. Esnoul/Du Seuil, 1964, France (HINDOUISME)

Réfléchissez, Mangez et maigrissez!/Dr Dean Ornish/Ed. de l'Homme, 1993,Montréal(NUTRITION)

Review of Beef in Ancient India/M. Dhandharia/1983, Calcutta (HINDOUISME)

Santé et Guérison/Max Heindel/La Maison Rosicrucienne, 1985, France (CHRISTIANISME)

Se nourrir Sans Faire Souffrir/John Robbins/Stanké, 1990, Montréal (NUTRITION)

Secret des Cathares/Gérard de Sède/J'ai Lu, 1974 (CATHARISME)

Simple, Lowfat & Vegetarian/Suzanne Havala/The Vegetarian Source Group, 1994, Maryland (NUTRITION)

Sois ce que tu es, les enseignements de Sri Ramana Maharshi/Ed. Jean Maisonneuve, (HINDOUISME)

Srimad Bhagavatam/A.C. Bhaktivedanta Swami Prabhupada/Ed. Bhaktivedanta, 1978, Paris (HINDOUISME)

The Dreaded Comparison, Human and Animal Slavery/Marjorie Spiegel/Mirror Books, 1988, New-York (PHILOSOPHIE)

Upanishads du Yoga/Jean Varenne/Gallimard, 1971, Paris (HINDOUISME)

Vegetarian Handbook 1994/Stephen Leckie/Toronto Vegetarian Association, 1994, Toronto (NUTRITION)

Vegetarian or Non-Vegetarian, Choose Yourself/Gopinath Aggarwal/Jaïn Book, 1993, New-Delhi (NUTRITION)

Vegetarian Sourcebook/Keith Akers/Vegetarian Press, 1983, Virginia (NUTRITION)

What's Wrong With Eating Meat?/Barbara Parham/Ananda Marga, 1979, Colorado (NUTRITION)

Wisdom of the West/Bertrand Russell/Doubleday Co., 1959, New-York (PHILOSOPHIE)

Yoga of Herbs/Dr. David Frawley/Lotus Press, 1986, Santa Fe (HINDOUISME)

Articles

Religious Harmony and Fellowship of Faiths, A Jaïna Perspective/Prof Sagarmal Jaïn, 1993, Bénares (JAÏNISME)

Solutions of World Problems from Jaïna Perspective/Prof Sagarmal Jaïn, 1993, Bénares (JAÏNISME)

Vitamin B_{12} The Controversy Continues/Carol M. Coughlin, Vegetarian Times, Vol. 17, No. 2 (NUTRITION)

Desperately Seeking Iron/Judy Krizmanic/Vegetarian Times, 1992 (NUTRITION)

Dur, dur, d'être un cochon/Marjolaine Jolicœur/AHIMSA, 1993 (ÉLEVAGE INTENSIF)

J'aime mon bœuf... vivant!/Marjolaine Jolicœur/AHIMSA, 1992 (ÉLEVAGE INTENSIF)

Un monde sans pitié : l'industrie de la volaille/Marjolaine Jolicœur/AHIMSA, 1995, (ÉLEVAGE INTENSIF)

Lexique

Végétarisme : alimentation excluant la viande, le poisson, la volaille et le gibier.

Lacto-végétarien : adepte d'une alimentation incluant les produits laitiers et excluant les œufs.

Lacto-ovo-végétarien : adepte d'une alimentation incluant les produits laitiers et les œufs.

Végétalisme ou véganisme : alimentation végétarienne excluant tout sous-produit animal.

Gaïa : nom attribué à la déesse de la Terre par la mythologie grecque.

Vaishnava (sanskrit) : désigne le disciple de Vishnou (Visnu).

Mahabaratha (sanskrit) : parfois nommé « le cinquième Veda ». Poème védique décrivant, entre autres, les exploits de Krishna. La Bhagavad-Gita, écriture sacrée de l'hindouisme, nous donne en dix-huit chapitres, une description de l'âme – de Krishna, le second aspect (fils) – en sa véritable nature qui est Dieu en manifestation. Cette description atteint son point culminant dans ce merveilleux texte où Krishna se révèle à Arjuna, l'aspirant, comme étant l'âme de toutes choses et le point de gloire derrière le voile de toute forme.

Vedas (sanskrit) : signifie « science, savoir ». Recueil de textes sacrés divisé en quatre parties : *Rig*, *Sama*, *Yajur* et *Atharva*.

Upanishads (sanskrit) : 108 textes rédigés en prose et en vers, exprimant la philosophie des Vedas (anonyme).

Sutras (sanskrit) ou aphorismes : textes ou prescriptions résumant un point de philosophie ou de discipline spirituelle.

Sattvique, de Sattva (sanskrit) : pureté.

Okinawans : peuple amérindien.

Bantous : peuple africain.

Organochlorés : produits organiques de synthèse dérivés du chlore, utilisés dans la composition des pesticides, insecticides et fongicides.

notes